她与家系列

今天如何做婆婆岳母

吴玫 ◎ 著

上海市学习型社会建设服务指导中心 ◎ 主编

学林出版社　　上海人民出版社

丛书编委会

主　　　任：王伯军

副　主　任：陶文捷　彭海虹

编委会成员：王延水　夏　瑛　姚爱芳

　　　　　　贾云蔚　蔡　瑾　沈建新

　　　　　　徐志瑛　杨　东

目 录

Contents

1

总 序

　　电视剧《那年花开月正圆》，既好看又充满正能量，第七十二集的重头戏是办女子学堂。由孙俪扮演的周莹说了一段话，十分经典："让女孩子接受教育，其实比男孩子受教育更重要。一个男孩有知识有见地，那不过是他一人得利；而女孩都会成为母亲，成为一个家庭的主心骨，甚至是一个家族的支撑，那她一人的知识见地，那就是全家之福，甚至是全民族之福。"

　　的确，母亲对子女的影响力要比父亲大得多。我国著名儿童教育专家陈鹤琴先生认为，父母与儿童的关系，分别地讲述起来，母亲和儿童更加亲密。因此，母亲教育和儿童教育的相关度也格外高。儿童在没有出世前十个月，早已受着母亲的体质和性情脾气的影响，出世以后一两年中间，无时不在母亲的怀抱，母亲的一举一动，都可以优先地影印入儿童的脑海，成为极深刻的印象。陈鹤琴先生

强调："母亲如果受过良好的教育，她的习惯行动自然也就良好，在日常生活中间，她的儿童就会随时随处受到一种无形的良好教育；反而言之，如果母亲的习惯行动不好，她的儿童就随时随处受到种种不良的影响。俗语说得好，'先入为主'，'根深蒂固'，母亲教育与儿童教育的关系，也就可想而知了。"

晚清民国时期的印光大师更是强调了母教的作用："印光常谓治国平天下之权，女人家操得一大半。良以家庭之中，主持家政者，多为女人，男人多持外务。其母若贤，子女在家中，耳濡目染，皆受其母之教导，影响所及，其益非鲜。""人之初生，资于母者独厚，故须有贤母方有贤人。而贤母必从贤女始。是以欲天下太平，必由教儿女始。而教女比教子更为要紧。以女人有相夫教子之天职，自古圣贤，均资于贤母，况碌碌庸人乎。若无贤女，则无贤妻贤母矣。既非贤妻贤母，则相者教者，皆成就其恶，皆阻止其善也。""以孟子之贤，尚须其母三迁，严加管束而成，况平庸者乎？以治国平天下之要道，在于家庭教育。而家庭教育，母任多半。以在胎禀其气，生后视其仪，受其教，故成贤善，此不现形迹而致太平之要务，惜各界伟人，多未见及。愿女界英贤，于此语各注意焉。"

印光大师专门解释了"太太"二字的含义。"世俗皆称妇人曰'太太'，须知'太太'二字之意义甚尊大。查'太太'二字之渊源，远起周代，以太姜、太任、太姒，皆是女中圣人，皆能相夫教子。太姜生泰伯、仲雍、季历三圣人。太任生文王。太姒生武王、周公。此祖孙三代女圣人，生祖孙三代数圣人，为千古最盛之治。后世称女人为'太太'者，盖以其人比三太焉。由此观之，'太太'为至尊无上之称呼。女子须有三太之德，方不负此尊称。甚愿现在女英贤，实行相夫教子之事，俾所生子女，皆成贤善，庶不负此优崇之称号焉。"

可见，母亲在子女成长中的作用极为重要。毛泽东和朱德之所以能心有百姓，胸怀宽广，与其母亲的身教言传是分不开的。毛泽东的母亲文七妹1919年在长沙去世，终年53岁，毛泽东专门写了一篇《祭母文》，追述了母亲的"盛德"："吾母高风，首推博爱。远近亲疏，一皆覆载。恺恻慈祥，感动庶汇。爱力所及，原本真诚。不

作诳言，不存欺心。""洁净之风，传遍戚里。不染一尘，身心表里。五德荦荦，乃其大端。"朱德的母亲钟氏1944年以86岁高龄辞世，朱德写下了《母亲的回忆》，发表在1944年4月5日延安出版的《解放日报》上。"母亲最大的特点是一生不曾脱离过劳动。母亲生我前一分钟还在灶上煮饭。虽到老年，仍然热爱生产。""我应该感谢母亲，她教给我与困难作斗争的经验。我在家庭中已经饱尝艰苦，这使我在三十多年的军事生活和革命生活中再没感到过困难，没被困难吓倒。母亲又给我一个强健的身体，一个勤劳的习惯，使我从来没感到过劳累。我应该感谢母亲，她教给我生产的知识和革命的意志，鼓励我走上以后的革命道路。在这条路上，我一天比一天更加认识：只有这种知识，这种意志，才是世界上最可宝贵的财产。"

习近平同志强调："中华民族自古以来就重视家庭、重视亲情。家和万事兴、天伦之乐、尊老爱幼、贤妻良母、相夫教子、勤俭持家等，都体现了中国人的这种观念。"关于"相夫教子"，印光大师说："女人家以相夫教子为天职。相，助也。助成夫德，善教儿女。令其皆为贤人善人，此女人家之职分也。"特别是"教子"，母亲的言行至关紧要，往往可以影响一个人的一生。习近平同志说过："中国古代流传下来的孟母三迁、岳母刺字、画荻教子讲的就是这样的故事。我从小就看我妈妈给我买的小人书《岳飞传》，有十几本，其中一本就是讲'岳母刺字'，精忠报国在我脑海中留下的印象很深。"

所以，母亲的责任重大，有人认为，母亲对子女成长的影响占据80%。母教不好，后果严重。我从小就听长辈讲一个故事。有一个男子因盗窃杀人被判死刑，临刑前，他要求跟母亲见一面。见面的时候，他突然对其母亲说："你将耳朵凑过来，我要跟你说句悄悄话。"那位母亲就将耳朵凑到了儿子的嘴边。谁知这位儿子一句话没说，上去死死咬住了母亲的耳朵，硬是将耳朵咬掉了半个。儿子恶狠狠地对母亲说："如果我当初小偷小摸时，你揍我、管我，我就不会一步一步走向犯罪。今天这个结果，都是你一手造成的！"这个故事的真实性无法探寻，因为长辈也是听来的。但是这个故事却告诉我们一个道理，母亲是影响孩子一生的关键。

5

网上曾经疯传一篇小孩子写的作文《我的妈妈》。"我的妈妈不上班，平时就喜欢打牌和看脑残的电视剧，一边看还一边骂，有时候也跟着哭。她什么事也做不好，做的饭超级难吃，家里乱七八糟的，到处不干净。""她明明什么都做不好，一天到晚光知道玩儿，还天天叫累，说都是为了我，快把她累死了。和我一起玩的同学，小青的妈妈会开车，她不会；小林的妈妈会陪着小林一起打乒乓球，她不会；小宇的妈妈会画画；瑶瑶的妈妈做的衣服可好看了。我都羡慕死了，可是她什么都不会。我觉得，我的妈妈就是个没用的中年妇女。"

这个母亲是不合格的，这个孩子的价值观也有点偏。父母是原件，孩子是复印件。所以，严重的问题是教育父母。"怎么做父亲"需要重新学习，而"怎么做母亲"更须从小培养。印光大师说过："教女一事，重于教子多多矣。""有贤女，则有贤妻贤母矣。有贤妻贤母，则其夫其子女之不贤者，盖亦鲜矣。"古代社会，男耕女织，现代社会，男女平等。男女平等的实质是权利的平等、地位的平等、机会的平等。强调男女平等，并不否定男女之间的分工，在子女教育中应突出母亲的关键作用。优秀的母教，是中国未来之希望，"她与家"这一课题更应得到关注。

王伯军

上海开放大学副校长

上海市学习型社会建设服务指导中心副主任

TA YU JIA

CHAPTER 01 第一章

视若家人

　　那场婚礼以后，儿子的女朋友或者女儿的男朋友就变成了你的媳妇或者女婿。多少年来已成模式的你、爱人和孩子的家庭格局，突然加盟了一个"新人"，这让你觉得有些不适。心平气和的时候，你也会觉得奇怪，儿子或者女儿跟这个姑娘或者小伙谈恋爱的时候，不是觉得姑娘是个好姑娘，小伙也不错吗？怎么现在就觉得哪儿哪儿都不对劲了呢？

　　因为那场婚礼之前，姑娘或者小伙都是外人。你的孩子娶了或者嫁了以后，他或者她就成了你的家人。明明是个外人，就因为他们与你的儿子或女儿有了特殊关系，外人顿时就变成了家人。称呼改口很容易，但要从心里认同这姑娘或者小伙从此跟自己儿女一样是家人了，真不容易！

故事 1

看花落去却无可奈何

我这个儿媳妇呀，人长得不算漂亮，但看着顺眼，还乖巧，所以，虽然什么家务活都不会干，也不怎么懂得体谅我们做长辈的，瞧，他们的孩子出生以后奶粉和尿布都是我们买的，也不知道跟我们客气几句，但是这些我们都忽略了，只要他们过得好就行。再说了，我们的钱等到将来的某一天，还不都属于他们？！

可是，自从知道儿子有了外遇并铁了心要跟儿媳妇离婚后，儿媳妇在我们的心里就只剩下一个好——人家一个小姑娘为了爱情丢下老家的爸爸妈妈千里迢迢地来到上海，你这个小畜生怎么说抛弃人家就抛弃人家了？

儿子知道媳妇把他们婚变的事情告诉了我们后，就开始回避我们，我们打电话给他，他不是在国外出差就是借口正在加班。不把事情问清楚，我和他爸爸抓耳挠腮地难受，可是，怎么才能见到他呢？我知道，用这个办法是对我父亲的大不敬，但是，眼下恐怕只能用这个办法了。那天，我骗儿子外公生病了，小子很快就回来了。我就不明白了，儿子其实很重感情的，他是外公领大的，一听说外公病了，扔下一伙朋友就赶回来了，他怎么就这么轻视夫妻之间的感情？"儿子，你老婆把勾引你的女人的照片给我们看了，说实话，她比你老婆难看多了，你怎么就鬼迷心窍了？"儿子脸涨得通红，憋了半天，嗫嚅道："感情这东西跟好看不好看没有关系。"他爸爸一拍桌子，喝道："当初就这么跟你说，你不听，把人家从千里之外娶回来。我告诉你，不许离婚！"儿子先是不出声，半天，嚎啕大哭："爸，妈，是我跟秦雅过日子，只有我知道我跟她实在过不下去了，求你们，就成全我吧。"我们不说话，其实，在那时候我的心已经动了动，儿子嘛，还有谁比妈更了解儿子的？

可是，一看见秦雅，我又觉得不能同意儿子跟她离婚，不然人家会戳我们家的脊梁骨，说我们有了点钱就为所欲为，为富不仁。那晚，等到孙子睡着了，见秦雅要走，我说今晚就别走了吧，妈妈跟你说说话。我把他爸爸赶到客房去，现在，卧室里就我们娘儿俩，还有小床里已经酣睡的她的儿子，我的孙子。我说："小雅，你们的事情只要那小兔崽子不提，你就给他拖着。或许他们过了新鲜劲，小兔崽子还能回来。就是不知道那时你还要不要他。"秦雅羞红了脸喊了一声妈。当初她上我们家来，就是这股劲让我心生欢喜。可是，当了家庭主妇、孩子的妈，就不能还这股劲。我说："小雅，有一句老话不知你听说过没有，要管住自己的男人，只要管住他的胃……""妈，我知道了，我一定改。"

可是，我儿子根本不给秦雅机会，他被单位外派去德国了。听到这个消息，我马上把秦雅叫回家："你去他们单位，就说孩子还小，你不同意他出国。"小雅回答："妈，现在这个社会八卦得很，我一去他们单位，我跟他之间的事情很快就会在他们单位传开，这样对他的发展很不利。"我一时语塞。人家小雅对我那个糊涂儿子还有这份情意，我这个当妈的还能说什么？是我儿子没有福气啊，不错，小雅有缺点，不会做饭，不会整理屋子，连她丈夫、我儿子的衣服，她都想不到替他操心一下，她还不是一个合格的妻子。但我觉得，给小雅时间，她就能学会做家务。一个能考上名牌大学的女孩，学不会做家务？简直是笑话！再说了，让儿子心猿意马的那个女人，就一点缺点都没有吗？"小雅，你放心，我们是决不会接受那个女人的。"话一出口，我就知道我说错话了，那不就是承认了小雅和我儿子的婚姻已经糟糕到需要挽救了吗？好在小雅没有觉察出来。这也是我喜欢小雅的地方，胸无城府。人就是这么矛盾，我是她的婆婆，我希望小雅胸无城府；可是作为家庭主妇，真是不能这样啊，小雅她成为一家之主妇已经这么长时间了，怎么可以总这样大大咧咧呢？儿子悄悄跟我说的话又在我的耳边响起："无论在生活上还是在事业上，秦雅都不能帮到我。"我想，我是看着花渐渐落去，却无可奈何。

我开始盘算小夫妻离婚时财产的分割问题。

他们现在居住的房子，当时买的时候价值 80 万。80 万当时我们全部付清也是没有问题的，可是我跟他爸爸商量后觉得应该培养他们年轻人的责任心，我们首付掉 50 万，剩余的 30 万让他们分期付款。房契上写的是我们老夫妻和他们小夫妻四个人的名字。如果他们离婚，这房子就是 4 个人平分，那小丫头就能拿到四分之一的房款，现在这房子价值可是达到 150 万了，也就是说小丫头能分得近 40 万。他们才结婚 3 年啊！不错，这些年我们家是挣了一点钱，可哪一分钱是轻而易举就挣得到的？不行！

我跟他爸爸商量以后，决定另外买一处高级住宅。律师说了，那样的话，秦雅要分得那 40 万的话就要分担我们新买的房子的债务，这债务凭秦雅的那一点工资是应付不过去的，那她只能放弃她应得的 40 万！我承认这样做对秦雅有点那个，可是，到那个时候我们不会让秦雅颗粒无收的，谁让她是我孙子的妈妈，而我又是我那不争气的儿子的妈妈呢？

新房子买好入住后的第二天，我就把秦雅请到家里来。秦雅在这套房子里到处走走，问我："妈，怎么突然

想起来买这房子的?"我有些心虚,但还强词夺理:"还不是为了你儿子!这儿附近有很好的幼儿园、小学和中学。"秦雅笑了,是那种发自内心的笑。我有些受不住,告诉秦雅:"小雅,我们还为你准备了一张床,只要愿意,你可以天天住到这里来。"

其实,那床是为儿子准备的。他总是要从德国回来的,回来了总要有张床睡觉吧。

议一议

说实话,秦雅的婆婆也就是故事的叙述者"我",在将儿媳妇视作家人这一点上,已经做得相当到位了,不因为秦雅是个没有根底的外地人而反对儿子与她的婚姻,相反,还把秦雅远离家乡嫁到她家看作是她儿子的福气。秦雅为他们家生了一个宝宝后,叙述人"我"更是特别爱惜秦雅,所以,当儿子有了外遇铁下心来要与秦雅离婚时,"我"以及"我"的丈夫是坚决不同意的,无奈,那毕竟是儿女自己的事情,做父母的只能当儿女婚事的参谋而不是指挥者。

　　秦雅的婆婆最后使出那阴损的一招，是在儿子与秦雅离婚一事已成定局以后，我们似乎没有理由责怪故事的叙述者，但是，秦雅把生命中最好的年华给了她的儿子、她的家，难道她就不念一点旧情吗？换位思考，假如秦雅是她的女儿，面对秦雅的困境，她还会这么狠心吗？

　　问题是，我们很难做到把儿媳妇或女婿当家人，许多家庭矛盾也因此而起，所以，我们总是提倡做婆婆或者做丈母娘的，那个曾经的陌生人一旦成为自己的儿媳妇或者女婿以后，要克服重重心理障碍，把她或他当做自己的孩子一样疼爱。

　　不过，读到这则故事的小辈也应该反思。像秦雅，以为有了结婚证保障的婚姻就万无一失了，更以为为婆家生了一个儿子，自己在那个家庭的地位就巩固了，却从来没有想过该怎么来维护夫妻关系，从而失去了原本以为会美满一辈子的婚姻。

　　那么，怎么来维护婚姻关系呢？故事的叙述者"我"对秦雅的批评是，不懂得"要抓住男人就要抓住他的胃"这一最浅显的道理。不止听到一个年轻的妻子说，现在外

卖这么方便，外食也这么方便，为什么要自己做饭呢？为所爱的人做饭，只是一个说辞，其实是想告诉年轻的夫妻，要想让婚姻甜蜜，我们就要不断往里头加糖加蜜。就说为爱人做饭这件事吧，如果是心甘情愿的，这其中蕴含的爱意，不就是爱情的甜蜜素嘛。

故事 **2**

这就叫眼睁睁

当初，老姐妹劝胡霞芳："千万不要自己选儿媳妇。你选的房子儿子不喜欢你可以自己住。你选的家具儿子不喜欢你可以自己用。你选的儿媳妇儿子不喜欢了，可怎么办？"胡霞芳没理会。她的道理是自己挑剔了一辈子，如果儿子娶回来的女人自己不喜欢，往后怎么在一个屋檐下过日子？

千挑万挑挑来的这个儿媳妇，难得的是儿子也是一眼相中，所以，两个人相识没多久，就开始张罗婚礼。满心欢喜的胡霞芳告诉他们小两口，买房子的钱就不用他们操心了，他们只管挑选就是。小两口还蛮有良心，选了一套

复式的房子，儿子甜言蜜语的，说什么就是为了让爸爸妈妈一起住的。胡霞芳乐得嘴都合不拢，干脆新房子里所有的摆设和用具，甚至于油盐酱醋都是她买的。

孙子出生以后形势急转而下。还没有出院呢，亲家就过来跟胡霞芳商量："能不能让孩子跟他妈妈姓？反正你们已经有一个外孙了。"胡霞芳急了，回击："我儿子又没有倒插门，怎么能让孩子随他妈妈姓？"后面半句胡霞芳硬忍了下去："我有外孙又有孙子，那是我的福气，谁让你只生一个女儿的。"

儿媳妇出院的前一天，儿子跟胡霞芳商量："小杨想让她妈妈过来照顾月子，她说自己不好意思指使你干这干那的。"胡霞芳明白了。可是，也不能让儿子为难吧？当晚，就把自己的东西从新房子搬回老房子了。

虽然憋了一肚子的气，胡霞芳还时不时地过去看孙子，顺便也搭把手。那天，看见亲家用钢丝球使劲擦不粘锅，那锅好几百块钱呢，胡霞芳没忍住，说："那锅不是这样洗的。"亲家一扔锅子，没好气的："那你说怎么洗？我都这么大岁数了，还不知道怎么洗锅子？！"那晚回家，老伴把胡霞芳一通埋怨："以后去了那里把自己当哑巴，行不行？"

毕竟不是哑巴。孙子到了4个月，开始加辅食。小家伙大概不习惯调羹，喂进去的蛋羹"噗噗噗"地往外吐，亲家气得抓起孙子的小手打得"啪啪"作响。这巴掌像是打在胡霞芳的心尖上，就又没忍住："喂小孩吃东西，就是要有耐心。"亲家的脾气怎么就那么火爆？操起盛了蛋羹的碗往地上一摔。

这一来二去的，两家人就有了过节。胡霞芳发毒誓："那房子，请我住都不去。"老伴安慰她："对呀，我们出了钱为什么还要出力气！"这一句话拱起了胡霞芳的火："从房子到卫生纸都是我买的，凭什么我就不能住了？"老伴一听自己挠痒痒挠错了地方，赶紧不出声了。

这以后，再去看孙子，胡霞芳总要叮嘱自己好几遍只带耳朵不带嘴巴，这样，倒也相安无事。眼看日子就这么太太平平地过下去了，却又起了波澜。儿子过来跟胡霞芳求援，说丈母娘死活不肯再带孩子了。跟胡霞芳说这话的时候，儿子也藏了半句，那半句话说的是："把我当老佣

人啦。去，跟你爸爸妈妈说，要么姓我们家的姓，不然，我不带孩子了。"胡霞芳的儿子这点原则还是能坚持住的，就到妈妈这里讨救兵。

胡霞芳班师回朝。

"要太平，老做小。"要做到这一点，对强出头了一辈子的胡霞芳，不是一件容易的事情，但是，她做到了，只不过晚上睡不着的时候会抱屈，不过，很快会释然：还不是为了那个小讨债鬼！

那天，吃过晚饭后儿子让儿媳妇一块儿到他姐姐家取托姐夫买的学步车，儿媳妇想看电视剧，就说："让你姐姐送一趟。"儿子说："你怎么好意思！""这有什么不好意思的？噢，我妈妈在这里帮我们带了那么长时间的孩子，你就好意思？""现在不是我妈妈来带孩子了吗？我妈不仅带了孩子，这家里所有东西都还是我妈买的。""谁让你们不让我儿子随我姓了！"这算什么话！胡霞芳将儿子拖到一边，笑模笑样地告诉儿媳妇："这事儿……事前有没有商量过……"儿子抢过话去："商量？这事儿还有的商量？儿子跟他爸爸姓，天经地义！"媳妇一拍桌子："好啊，你们一家子合起来欺负我。"说罢，打电话把她妈妈叫了来。胡霞芳张了张嘴，想着儿媳妇现在这样子跟她说什么都没用，等亲家来吧。可是亲家来了根本就不容胡霞芳他们母子解释，摔盆子摔碗的，气得胡霞芳连夜回了自己的家。

才进家门，媳妇的电话就追过来了："姓你们家姓的小孩，你们不带谁带？"气得胡霞芳打儿子的手机："你那个家我是死也不去的，要我带孩子，你们把孩子送过来。"

现在，胡霞芳知道自己当时是气昏了头。气昏了头的后果就是自己整天被一个小毛头黏住了累得半死。想到自己一分一分攒起来的钱给儿子垒起来的那个窝，连去坐一坐都不能，却还要……什么叫眼睁睁？这就叫眼睁睁！

议一议

假如前一个故事中秦雅婆婆对儿媳妇的爱有些被动的话，那么，胡霞芳所做的，就是想主动建立良好的婆媳关系。

可以想象，胡霞芳的家庭，在儿子没有娶妻生子之前，一直是胡霞芳一言九鼎的一亩三分地，因此也就养成了儿子懦弱的性格：不是自己寻找伴侣而是听从母亲的选择。如果儿子媳妇的婚姻幸福，倒也不错，老法里那些遵循父母之命、媒妁之言，不也有成功的范例吗？前提是，胡霞芳必须将自己看中的儿媳妇当自家人看待。

平心而论，胡霞芳倒是很想把媳妇当自家人的，但有要求，就是儿媳妇必须像丈夫和儿子一样听她的指挥，人家在原生家庭长到20多岁才做了胡霞芳的儿媳妇，怎么能接受和习惯胡霞芳的做派？纵然是给了儿子的婚事极大的经济支撑，胡霞芳也只能是个"失败者"。

家庭里的第三代到底应该跟爸爸姓还是跟妈妈姓，在当今社会，真不是一件了不得的事情。胡霞芳家因为孙子跟谁姓的问题而闹出的那一番大动静，其实是已经结为亲家的两家人都没把对方当做自家人的具体表现。

将一个曾经的陌生人视作家人，不能停留在表面上的客客气气，而是要在内心里认同对方。假如，胡霞芳能从心里认同自己看中的这个儿媳妇，她就不能一厢情愿地非要对方迁就自己的生活习惯；又假如，念及还没有成为自己婆婆的时候胡霞芳就这么喜欢自己，再念及婆婆为了小两口生活得和和美美所付出的，作为小辈胡霞芳的儿媳妇是不是应该顺从一下婆婆的生活习惯？毕竟，年轻人修正自己比让老年人改变自己，要容易许多。

老话说，两好并一好，说到深处不就是两个人尽量接近对方的生活习性吗？一方面是，胡霞芳认定，自己选来的儿媳妇就要听自己的；另一方面儿媳妇携手自己的妈妈一起来挑战婆婆的家庭权威，两家人终于闹得不可开交，也就不是什么意外了。

CHAPTER 02 第二章

TA YU JIA

糊涂是一种好品质

自从郑板桥用他那势如破竹的笔锋写下了"难得糊涂"4个字后，它的拓片就像传单一样在坊间流传。有些官员会在自己大气的办公室里挂上一幅，有些商人会在自己豪华的办公室里挂上一幅，有些家庭外出旅游时在景点遇到郑板桥"难得糊涂"的字画，也会凑趣买上一幅，带回家后挂在客厅的墙上。

同样是"难得糊涂"，挂在不同的墙头寄寓的是它的主人独有的心思。官员也许是希望自己能有足够的雅量，商人也许是希望自己不要过于斤斤计较，那些贸然将"难得糊涂"挂上自家客厅墙头的家庭，似乎只在乎形式。

其实，这4个字也是家庭和睦的一条准则。婆婆与儿媳妇、丈母娘与女婿之间，非常需要用"难得糊涂"来构建彼此之间的良好关系。

你也是孩子他妈了

故事 **1**

"我怎么也想不到现在的女孩子已经变成这副样子了。"徐秀英非常生气地告诉女儿。这样的话徐秀英也是没有办法之下才对女儿说的。虽说儿子女儿都是自己身上掉下来的肉，在徐秀英这里，这两块肉的分量是不一样的。当女儿在外面被人欺负后，徐秀英会不耽误片刻工夫去跳去骂去为女儿讨回公道，可是，儿子筹备婚礼的当口，女儿想问她借一小笔钱付房子的首款时，她没有给女儿半点希望。"你弟弟结婚用钱还缺一大块呢，你弟媳妇的钻戒还在天上飞呢。"当时，女儿非常生气，徐秀英怎么会看不出来？但是，女儿就是女儿，受了再大的委屈也

是女儿。这不，让她回娘家来商量事情，她不也就乖乖地回来了嘛。

徐秀英不知道，女儿有满肚子的怨气只是不想跟她剑拔弩张而已。她知道，妈妈要跟她商量的事情只有一件，就是抱怨弟媳妇的不是。一想到这里，徐秀英的女儿嘴角咧了咧：媳妇是你自己张罗回来的，还有什么可抱怨的？徐秀英的女儿清楚地记得，弟弟与妈妈中意的女孩恋爱谈到半途，闹分手，妈妈知道后急得发怒过、嚎啕大哭过。徐秀英的女儿更清楚地记得，买房子时首付少一点钱想问妈妈借，妈妈是怎么拒绝她的。如果不考虑会让妈妈很难堪，徐秀英的女儿很想回敬妈妈："爱她，你就要包容她。"但她终究没敢那样明目张胆地与妈妈作对，而是乖乖地听从召唤，回了娘家。

女儿就站在她身后看她做蛋饺，徐秀英倒有些为难了：该怎么开口说这件事呢？她知道自己为这个儿媳妇怠慢过女儿，拒绝女儿借钱的话语仿佛还在耳畔回旋，这就要向女儿抱怨儿媳妇的不是，这不是在女儿面前打自己的耳光吗？不到万不得已，徐秀英不会干这种傻事。

所有的矛盾始于孙子出生以后。孙子真是好玩，才10个月大，就没有他不知道的事情。每天早上他醒来以后，徐秀英会和老头子一起将他的小床从大床边挪到墙边才给他一瓶奶。那天早上两个人一忙乱就坏了规矩，老头子直接将奶瓶塞给了小东西。小东西两只小胖手举着摆来摆去就是不接奶瓶，还"哦哦"乱叫。两个老人慌张了，以为宝宝病了，又是摸额头又是拆开尿布查验，哪里都是正常的，这倒叫徐秀英犯了难：这小祖宗到底怎么了？心急慌忙中，徐秀英一迈腿小腿骨狠狠地撞上了床架，徐秀英猛然意识到："是不是没有搬小床？"老头子不以为然，一边按照徐秀英的意思搬动小床一边戏谑："你以为你孙子是天才？才多大呀，就知道挑地方吃饭了？"然而，奇迹发生了：把小床挪到一边后，小东西马上接过奶瓶痛快地喝起了奶。

　　对了，这小孙子现在就由他们老两口带着。孙子刚来到这个世上时不是这样，而是他们老两口住到儿子家帮忙。说是住到儿子家里，那家里大到房子、小到油盐酱醋，哪一样不是她这个当妈的买的？现在却要说是住到儿

子家了。如果一切都太太平平，住到儿子家就住到儿子家吧，可是……

女儿也有不对的地方。弟弟求你给买一辆童车，你买都买了，再走一趟送到他家里去能少一块肉？非让弟弟去拿！也许，没有老人帮衬的女儿，实在太忙了？可儿媳妇根本不理那个茬儿，一听说儿子要出门去姐姐家拿童车，泼妇一样一个箭步从房间里冲出来，挡住儿子的去路嚷嚷："不许去拿！小朋友不是叫她姑姑吗？开个车送过来有多费事？非要我们自己去拿。"徐秀英觉得儿媳妇不问青红皂白就定性女儿让儿子去拿童车这件事，有些过分了，可徐秀英忍着什么都没有说。说给谁听会相信呢？徐秀英居然有话藏到肚子里了，还不是因为心疼儿子不想让他烦心吗？

星期五，女儿单位里加班，打电话过来让帮着把外孙接过来照看一会儿。外孙在家里也就待了不到两个小时，儿媳妇就一直虎着一张脸。老头子送外孙回家时小孩兴冲冲地冲媳妇喊："舅妈，再见！"儿媳妇不理不睬。徐秀英再也忍不住了，等到他们走得没了影，便对儿媳妇说：

24

"大人之间再有什么矛盾，也不要把气撒到孩子身上。"儿媳妇阴阳怪气地哼哼了几声，不解气，又拍着桌子嚷嚷："我就迁怒你的心肝宝贝了，怎么样？看不惯？看不惯从这儿搬出去啊！"说罢，拂袖而去，撂下徐秀英半天才缓过劲来：她这是要赶我们走？走就走！连夜，没多听老头子劝，拿了自己的行李就回了自己家。

哪里想到躺在自己睡了几十年的老床上，翻来覆去就是睡不着，满脑子都是那小孙子笑呀哭呀喊呀的样子，第二天一大早，就打电话给女儿，说了事情的来龙去脉。女儿要送外孙上幼儿园，急不可耐地堵她一句："你是舍不得你的宝贝儿子！"听着听筒里"嗡嗡"的电流声，徐秀英气得要命，再一想，自己这一走谁弄早饭给儿子吃？她自己都笑了，女儿说得没错，自己就是舍不得儿子。想到这里，徐秀英恨不能一个箭步跨到儿子家去，可事到如今，自己再去儿子家里不成了十三点？又突然想到儿子小的时候。是的，自己偏心儿子，可那是有原因的。儿子生下来就弱，读小学一年级新做的西装短裤，他能一直穿到小学毕业，这样的孩子，妈不疼他谁疼他？后来，书读得也不如他姐姐，勉勉强强在一家民营企业上了班，收入就比名牌大学毕业的姐姐少了一大块。当妈的不替他张罗好房子，哪里有好姑娘肯嫁给他！徐秀英没有想到的是，她替儿子张罗好了房子以及房子里的所有东西，娶进家门的还是这样一个女人！想找老头子说几句的，死老头子早就溜出去了。正想给自己弄口早饭吃呢，电话铃响了。谁呢？不会是小孙子有什么事了，慌慌张张地接了电话，是儿媳妇，命令一样告诉徐秀英："你的孙子你不带谁带！"气得徐秀英撂下电话好一阵子，手脚还是冰凉的。气还没有顺过来呢，电话又来了，这回是儿子："妈，你千万不要跟小黄计较，她就这脾气。妈，你不帮着带孩子，我们还真没有办法了。""我是绝不进你们家的门了。""妈，你这不是要难为死我嘛。"儿子的这一句话，顿时让徐秀英的心柔软起来："要不，你把那小子送到我这里来？"

于是，小孙子就住到奶奶和爷爷家里了，儿子和儿媳妇双休日的时候会过来看看。女儿当然不高兴，当初，外孙两个月大的时候就让徐秀英撵回去了："我血压高，晚上睡不好觉，怎么行！"徐秀英想对女儿说，她是实在没有办法，可女儿根本不给她解释的机会。不过，也没有什么可解释的，她自己不也是孩子他妈了吗？总有一天她会理解的，徐秀英暗忖。

议一议

徐秀英的错误，发生时间应该是她儿子出生的那个瞬间。因为重男轻女，徐秀英的儿子从妈妈身上获得了更多的母爱。可是，有的东西拥有太多对个人成长没有太多好处，比如母爱。我们看到了，当徐秀英与儿媳妇发生冲突的时候，儿子几乎没有站出来说过一句公道话。

已经成家立业的儿子，要改变已经不太可能。当一切都木已成舟，要让一个儿女双全的家庭变得和睦起来，长辈也就是徐秀英能做的，就是郑板桥写的看上去有些粗枝大叶的"难得糊涂"4个字。

在家务事上，除非老人心甘情愿付出，儿子做得多还是儿媳妇做得多，是他们夫妻自己的事情，我们要假装看不见。看见儿子为家庭付出了更多，我们也不要多言多语，那是因为你的儿子喜欢老婆自愿付出，轮不到我们说

三道四。我们能做的，就是把心疼儿子的心收藏起来。

明明儿媳妇对女儿有些不敬，长辈也不要急急忙忙地跳出来替自己的亲骨肉说话。那样的话，会让还没把自己融入新家庭的儿媳妇更觉得自己是外人，从而反击起婆婆来更是失去了分寸。那是他们小辈的事，长辈不掺和，说不定三五天以后他们的矛盾就自己化解了。也许，徐秀英女儿和她儿媳妇的矛盾会成为一个死扣，那也随他们去吧，在这个多元的世界里，亲戚未必是自己在这世上最相知的朋友。

等到自己能够从儿子的家庭抽身而出的时候，徐秀英要毫不犹豫的从他们生活中脱离开去，享受自己人生的黄昏。儿孙自有儿孙福，徐秀英要做的是糊涂地看待儿子的家事。

故事

再爱也需要界线

我小的时候，家庭的住房普遍拥挤。我被忙得照顾不了我的爸爸妈妈寄养到外婆家，那里的房子就更小了，小到舅舅结婚后，我跟外公外婆只能搬到院子里匆忙搭起来的屋子里睡觉。那一间不大的客堂间是全家5口人吃饭、活动的地方。小孩子嘛，玩得兴起喜欢在家里乱窜，可是外婆告诉我，舅舅舅妈的房间是我万万进不得的禁区，除非他们在家时邀请我进屋。小孩子哪里懂得这些规矩？也是因为外婆的不许让我错觉舅舅舅妈的房间里有好玩的东西，我总是趁外婆稍不注意就溜进"禁区"。成功了三四次后，外婆让外公给舅舅舅妈房间的门装了把锁。打那以

后，只要舅舅舅妈上班或者出门，外婆就锁上那扇门。回忆往事，我记得听舅妈对外婆说过，不要锁门，房间里也没有什么贵重的东西。但，外婆依然故我。

当时年幼无知。现在，我明白了，在外婆那一代人的思想里，隔了辈的家人之间，彼此再怎么相安无事，也要有界线。

猛然想起这段往事，是因为最近总听到单位里的邹姑娘吐槽。邹姑娘家境非常优越，她妈妈得知她要嫁的那个人想婚后跟爸爸妈妈住在一起，非常不乐意，就说："我和你爸爸可以给你们买婚房。"一方面，邹姑娘觉得自己已经长大成人不应该再要家里这么大一笔钱；另一方面，也是觉得婚后跟公公婆婆住在一起并不是一件坏事，至少每天下班回家有现成饭吃了吧？

邹姑娘将与公公婆婆共同生活的难处，想简单了。邹妈妈心疼女儿，见女儿不要他们赞助婚房，就换一种方式照顾女儿，隔三差五地买一堆上好的食品送到女儿的单位让女儿带回家，什么鳕鱼、三文鱼、澳洲的牛肉、新西兰的猕猴桃，等等，鸡鸭鱼肉水果蔬菜一应俱全。那天下午，婆婆一个电话打给邹姑娘，问她，晚上想吃什么菜呀？忙着编辑读者来稿的邹姑娘下意识地回答："想吃清蒸鳕鱼，放一点雪里蕻噢。"话音刚落，邹姑娘听见婆婆嗯呢了一声，就不说话了。邹姑娘便问："怎么啦？"婆婆嗫嚅了半天后回答："那一块鳕鱼呀，我去我妹妹家当礼物送掉了。"邹姑娘心里当下就不舒服了，可她是个心胸开阔的好姑娘，只用了三五秒钟就想通了，就说："那就随便吃点什么吧。"放下电话，邹姑娘越想越不对劲：她怎么能把妈妈给我的鳕鱼当礼物送掉？这么想着，就说给了坐在前排的同事听，同事当时就炸了："你不要不把这件事当事，你回家后一定要跟你婆婆把事情掰扯清楚，告诉她，你跟她关系再亲密也要有界线。你的东西她没有经过你的同意就不能动。"邹姑娘笑笑，觉得，不就是一块鳕鱼吗？有必要据理力争吗？

婚后半年，邹姑娘怀孕了，她有些慌张，因为计划中她打算再迟个一两年再要孩子，现在倒好，甜蜜的新婚生活还没有过够，就要成为孩子他妈了，邹姑娘不甘心。打定主意后，当晚，等到加班回家的丈夫进了家门，邹姑娘

一把将其拖进他们的房间，告诉他："我怀孕了。"丈夫眉头一皱，邹姑娘心花怒放：他也不想这么快就要孩子啊。达成共识后，两个人开始商量哪一天请个假去医院做人流。就在这时，房门被人重重地推开了，撞在墙上发出的轰然响声，吓得小两口目瞪口呆地看着站在门口的邹姑娘的婆婆。婆婆气愤地大声嚷嚷："你们 80 后怎么这么自私？孩子不仅仅是你们的，也是我们的。"说着，她指了指邹姑娘："也是你爸爸妈妈的。你们怎么能不经过我们同意就去做人流？"缓过神来，邹姑娘唯唯诺诺道："妈妈，你怎么偷听我们说话呢？"想到婆婆既然能偷听他们说话，也极有可能听到些别的，邹姑娘的脸涨得通红，刚想追问点什么，被婆婆抢了白："我是无意间听到的。"接着嘀咕道："幸亏无意听到了"，再放大嗓门："告诉你们，人流坚决不能去做，我现在就打电话给亲家母。"婆婆回到客厅后真的拿起了电话，见状，邹姑娘嘤嘤哭了起来："她怎么偷听我们说话？"丈夫毕竟是她的儿子，讪讪笑了笑："我们又不怕她偷听。"邹姑娘一听，急了："她没经我同意，就把我妈买给我的东西拿出去送人。"丈夫的手心贴到邹姑娘的脸颊："好了好了。"邹姑娘的心，一下子软了。

邹姑娘孕早期反应厉害，马路这边喝的一杯鲜橙汁，过一条马路就能吐得翻江倒海，只好在家休息。那一天，家里就她一个人，突然想喝红豆汤，想得非常厉害。她想起妈妈曾送她过一盒五谷杂粮，里面像是有一盒红豆，就到厨房的柜子里去找，找来找去找不到。恰在此时，婆婆回来了，便问她，有没有见过一盒五谷杂粮？婆婆一听，反应极快地回答："噢，我拿去送给我姐姐了。反正你们也不爱吃。"邹姑娘一听，对红豆汤的思念愈加强烈，强烈得眼泪都掉下来了。她婆婆慌了神："哎呀，不就是一盒五谷杂粮嘛，哭什么！想吃什么？告诉妈妈，妈妈马上出去买。"算了吧，邹姑娘快快不乐地回了自己房间。

我想起了我外婆当年的做法。

议一议

先分享给大家一篇很老的短篇小说，老到我已经记不清它的篇名了。好在作者的名字，如雷贯耳得我想忘也忘不了，刘心武。

在我记不得篇名的小说里，刘心武再一次率先提了一个问题：在爱的名义下，妈妈与已婚儿子还有没有界线？

刘心武笔下的这个妈妈，对儿子的照顾真是无微不至。她断定儿子吃不惯儿媳妇做的饭菜，规定小两口家的厨房只烧开水不起油锅，一日三餐必须去对面她的家里解决；她断定娇滴滴的儿媳妇伺候不了儿子穿衣打扮，小两口家的洗洗晒晒她都包了；甚至，她生怕儿子夜里睡觉踢了被子没人给盖上，那天清晨，她用备用钥匙开了小两口家的家门，拧开小两口卧室的把手，走进去察看。站在门口，她已经看到，儿子身上的被子盖得好好的。随意打开酣睡中小两口的卧室门，她已经很过分了。此时，她如果转身离去，小说也许会有另一种结局。她突然想起了儿子小时候的睡相。她想重温儿子甜美的睡相，就跨前几步靠近小两口的床俯视起儿子睡梦中的样子。恰在此时，儿媳妇醒了，睁眼一看有个人正盯视着自己，吓得大叫起来……这篇小说，不像《班主任》《醒来吧，弟弟》，发表伊始就名声大噪，也许，读者认为小说的题材不如《班主任》和《醒来吧，弟弟》那般重大，那时的读者怎么会想到，如何摆正父母与已婚子女之间的关系，已成当下的重大题材。

回到我们讲的这个故事，我们要称赞邹姑娘在婚姻生活中所持的态度，就是没有听从单位里那些同事的建议，与在同一屋檐下生活的婆婆锱铢必较，而是貌似糊涂地力求与婆婆和平相处。故事结尾处，邹姑娘还是发了怒，那是因为，当邹姑娘一退再退地以求家庭和睦时，她婆婆把客气当了福气，不知道或者假装不知道，再爱一个人，人与人之间还是应该有界线。一次次地践踏长辈与小辈之间的界线，邹姑娘的婆婆终于尝到了苦果。邹姑娘说，她正在四处找房打算搬出去单过。

TA YU JIA

CHAPTER 03 第三章

不互相争锋

　　所有的婆婆和丈母娘大概都经历过这样的过程。家有儿女到了该婚嫁的年龄，如果他和她还没有可心的女朋友或男朋友，未来的婆婆或丈母娘会十分着急，极端的会自己去人民公园替儿女选择佳偶。一旦成为准婆婆或者准丈母娘了，会开心得恨不得第二天就成就儿女的好事。大多数婆婆与儿媳、丈母娘与女婿之间的温度，是在儿女结婚后出现拐点的。从希望儿女找到佳偶到对儿女的另一半颇有恶感，这个变化是怎么发生的？是因为有些做婆婆的或是做丈母娘的心里，住着一个"小恶魔"。

故事 **1**

我是召之即来挥之即去的援兵

　　绝顶聪明的孩子，真有。罗梅的儿子，就是这样的孩子。

　　虽然在上海最好的中学读高中，但罗梅儿子的志向，是要在物理学领域搞出一些名堂来，于是早早就决定高中一毕业就去美国读大学。20 世纪 90 年代，打算去美国留学的孩子，多半会在新东方读英语准备托福考试和 GRE 考试。从高一开始读到高二，很多孩子跟新东方有了感情，索性就将申请留学的一应手续都交给新东方去代理，自己则全心全意地读书。

　　也该罗梅的儿子在那个阶段会遇上麻烦。那年 1 月，男孩以出色的托福和 GRE 考分以及自己在高中阶段门门优秀的学习成绩，拿到了麻省理工学院的录取通知书。全家都以为，一条通往世界一流物理学家的道路已经在男孩面前畅通，却因为新东方与美国闹了些别扭，美方拒签了所有通过新东方办理入学手续的学生。

获知这一消息时，已是 4 月中旬。还好，那一年高考还没有提前到 6 月，即使这样，距离高考也只有 3 个月了。什么叫绝顶聪明？罗梅的儿子回过头来准备高考，3 个月后，成了那年理科的榜眼。

我们纷纷祝贺罗梅，罗梅高兴是高兴的，但没有我们想象的那么高兴，还说了一句当时让我们颇感匪夷所思的话："18 岁了，他长大了，我该过自己想过的日子了。"

儿子在北京读到大二时，罗梅到了退休年龄。像罗梅这样的英语特级教师，学校怎么肯让罗梅退休，可罗梅主意已定，说什么也不返聘。我们笑她："你不是要过自己想过的日子吗？怎么要去北京陪读了呢？"罗梅白了我们一眼，说："我为什么要去北京陪读？他都 19 岁了，还用我操心？"那罗梅想要干什么？原来，她要周游世界去。

为什么说罗梅的儿子绝顶聪明呢？在爸爸妈妈一会儿巴黎，一会儿布宜诺斯艾利斯的那几年里，他顺利地从北京大学毕业，并自作主张地放弃攻读保送研究生。听说儿子要放弃读研，罗梅有些慌张，赶紧问为什么。儿子告诉妈妈，一定会攻读研究生，但不是现在。那么现在他想干什么呢？发现自己在物理学上并没有特别的天赋后，男孩在大三开始就利用暑假到一家举世闻名的投资银行实习。只一个半月，男孩就被投行看中，邀他毕业后去他们那里工作。读研究生还是去投行上班？男孩心里挣扎了数天，想到爸爸妈妈为了他的学业放弃在老家已很扎实的工作基础应聘到上海来当中学老师，卖掉了老家三房两厅的房子也买不来上海的一间房，全家只能跻身在狭窄的出租房里过了好几年。想到父母为自己做出的牺牲，男孩决定，先去投行上班。

3年以后，男孩告诉罗梅，要替爸爸妈妈买房子，"你们喜欢哪里的房子？"罗梅一听，喜出望外，就在莘庄选了一套底楼的房子。"我要在花园里种满花草"，罗梅说。儿子说，他有能力付清房款，罗梅当然很高兴，可她只允许儿子付了一半。

　　"那还有一半，我就用作学费了。"罗梅的儿子说。又一年，小伙子已是哈佛商学院的学生。在那里，他找到了像他一样聪明的女孩。两个人从哈佛商学院毕业后，结婚、生子、生女，罗梅呢，中断了周游世界的脚步，原本花团锦簇的小花园，也乱草丛生了。她和丈夫每年有一半时间要呆在美国，帮助儿子和儿媳妇照看两个孩子。

　　回国"轮休"期间，我们好友相聚，免不了会问罗梅，在美国过得怎样，与儿媳妇相处得怎么样，罗梅总是笑笑，答："我是召之即来挥之即去的援兵嘛。"召之即来，可以理解；挥之即去，话里是不是有些不满？

　　生活习惯完全不一样的两个人，因为儿子，成了亲人；两代人，育儿理念存在很大差异，却要一起照顾同一个宝贝。罗梅后来告诉我们，仅这两点，就能生发出一大团扯不清理还乱的矛盾，她在美国帮忙照看孩子，怎么会没有郁闷的时候？

　　罗梅挤牙膏一样挤出来的一小点抱怨，让我们颇感意外。都说婆媳是一对天敌，可罗梅的儿媳是哈佛商学院的毕业生呀，与智商那么高的女人做婆媳，也会有磕磕绊绊的时候？被我们一问，罗梅笑了："跟我在一起，她就是儿媳妇，而不是什么哈佛毕业生了。"

罗梅第一次去美国帮着照看孙子的时候，孙子才8个多月。罗梅倒过时差来后，儿媳妇就递给罗梅几张写满了字的纸，罗梅问，这是什么？儿媳妇让她自己看。罗梅一看，原来是媳妇给8个月大的婴儿详细列出的时间表，几点喝奶，几点喝水，几点喝果汁，几点睡觉等。总之，除了婴儿的大小便因为控制不了没有写在时间表上外，孙子的24小时都被高智商的儿媳妇安排在了纸上。罗梅一看，就不以为然，心想，我随心所欲地养育我的儿子，他不也像你一样成了哈佛毕业生吗？但罗梅嘴上诺诺答应了。像是看到了罗梅的心事，媳妇临出门上班去前，一再叮嘱罗梅，一定要按照她的时间表执行。罗梅不明白，早半小时或晚半小时睡午觉，对宝宝就不好了？少喝两口奶或者多喝两口奶，就影响宝宝健康了？所以，只要儿媳妇不在家，罗梅就视宝宝的情况按照自己的育儿经照顾孙子。

高智商在这个时候起作用了，当然，这要等到罗梅再度去美国照顾半岁大的孙女时才体会到的。媳妇早就知道婆婆并没有按照她给出的时间表喂养宝宝，但是，她不吭声，只是婆婆再来美国帮忙之前，她在家里添加了新式武器。

"什么新式武器？"我们问。"探头，"罗梅无奈地笑笑，"他们是为了家庭财产安全而安装的，顺带也监控了我是怎么管理宝宝的。"

我们一听，都气坏了，叽叽喳喳地为罗梅鸣不平：爷爷奶奶远渡重洋去美国帮着照看孙子孙女，是尽义务，是发挥余热，那位高智商的儿媳妇怎么能那样侮辱罗梅？最后一句话，把罗梅逗得哈哈大笑。笑够了，罗梅的右手食指一下一下地点着我们说："你们这些小心眼的女人！什么侮辱呀，我们只是处理事情的方式不同罢了，目标一致，都是想让我们家的小朋友健康长大。"

我们闷头想了想，也是。不过我们不甘心，追问："难道你没有为儿媳妇用探头监视你的举动生气过？""怎么会没有生气？我还背着儿媳妇把儿子骂了一顿呢。可是，人家自己的妈妈过去帮忙照顾宝宝时，照样启用探头，我还有什么好说的呢？"

我们继续给罗梅出主意："既然你家儿媳妇这么有主意，你就不要过去帮忙了嘛。我们一起出去玩。你看看，"我们指着她家花园，"都杂草丛生了。"罗梅心疼地看着有些荒败的小花园，摇着头轻声道："我是召之即来挥之即去的援兵。"

议一议

再怎么无意针对婆婆，罗梅的儿媳妇用探头监视婆婆有没有按照她的规定照顾孩子，这种做法很伤人。假如罗梅因此大发雷霆继而撂挑子走人，也是无可非议的。因此，我们要为罗梅的大度点一个大大的赞。

我们分析罗梅何以能做到如此大度，首要原因，是罗梅没有让那个小恶魔住在自己的心里，亦即，没有把儿媳妇当外人。试想，装个探头监管自己是否按照规定照顾孩子的是女儿而不是儿媳妇，我们会不会义愤填膺？顶多笑骂女儿几句，就会让事情过去，不是吗？

第二个原因，是罗梅准确定位了自己在美国儿子家中的作用。为什么生活在同一屋檐下的婆媳很难搞好关系？

那是因为，两个女人一个想要在儿子面前一个想要在丈夫面前显示自己作为女主人一言九鼎的作用。可是，一个家庭一旦有两个女主人，就一定会乱了套。罗梅深知这个道理，所以她不会就儿媳妇在家里装探头一事一遍遍地给儿子加压。女主人决定要在家里装探头，她这个临时过去帮忙的准客人，有什么可强辩的？

将自己定位于儿子家中的准客人这个非常准确的角色后，罗梅出入儿子家里的态度，淡然得叫人欣赏。我们特别欣赏"我是召之即来挥之即去的援兵"这句话。召之即来，道尽了自己愿意毫无保留地帮助小辈的决心；挥之即去，听起来有些伤感，却是婆婆与儿媳妇能友好相处的良方。进退有度，难道不是不与儿媳妇互相争锋的最佳选择吗？进退有度，难道不是给予儿子最深沉的爱吗？

让他们刻薄我吧

梁慧英承认自己是一个冲动的人，不然，在 1968 年她也不会丢下上海户口和父母，为了爱情跑到穷乡僻壤生活了几乎一辈子。那么，就让自己再冲动一回吧，梁慧英咬紧了牙关对儿子说："我就是要产权属于我和你爸爸的房子，一室一厅就行，旧一点也没有关系。"

儿子的脑袋越埋越深。梁慧英恨呀，自己也算是个要强的人，怎么这儿子就一点儿都不像自己？

当年，自己一跑到那个地处东南的穷乡僻壤，梁慧英就后悔了。但梁慧英即便非常后悔，也不会跑回上海向父母讨饶，而是打落牙齿往肚里咽，跟丈夫好好地过，把儿

子培养成了有出息的人。那些年吃过的苦，梁慧英不会对别人说，却牢牢地记在了自己的心里。丈夫的老家，庄稼一年三熟，尤其是闷热的夏天，成熟的稻米要抢着收割下来，晒场、打谷、送仓库，刚刚荒下来的田地要迅速播撒进新一轮种子，那叫双抢。第一年，公公婆婆还能容忍梁慧英干一小时活儿休息两个小时，但不满意梁慧英的话，他们却不会少说一句，"三儿娶个大城市的女人做老婆，有什么用！"为了证明三儿娶回来的上海媳妇一点儿也不差，第二年夏天，梁慧英就干什么都不拉下了。后来，怀孕了，预产期临近时，阵痛还没来之前，梁慧英都没有耽误下地干活。儿子出生以后，梁慧英的生活里又多了一件大事，就是督促、胁迫儿子好好读书，争取替她回到上海。

梁慧英的儿子很聪明，除了小时候贪玩被梁慧英揍过，学习成绩一直都很好，考上了上海交通大学。丈夫所在的省市，考取大学的高中毕业生比例之低在全国都是出了名的，儿子能考回上海，还考上了那么好的学校，他真是给梁慧英争了光。

儿子大学毕业在上海立业成家以后，要接梁慧英回上海。起先，梁慧英不干。上海的好日子梁慧英不是没有过过，自己用30年的时间习惯了穷乡僻壤的生活，再去过已经不属于自己的大都市的日子，梁慧英不干。后来，儿子说孙女没有人照顾，儿媳妇也在电话里说："妈，你都辛苦一辈子了，该回家乡享几年福了。"儿媳妇的这一句话说出了梁慧英滚热的眼泪，于是她就回了上海，住进了儿子的家。

不！是住到了儿媳妇的家。这个儿子，除了逼迫他好好读书外，梁慧英几乎溺爱了他。他小的时候，家里缺盐少油的，可从没委屈过他。他在外面被人欺负了，梁慧英不隔夜地会去找回公道。不想，却养成了他懦弱的脾性。就她来的这两年多时间里，儿子在区政府公务员当得好好的，却听媳妇的，到公司当了职员。在新公司里好不容易过了试用期，却又听媳妇的，停业在家学英语准备再跳槽。看来，这个家是媳妇说了算。在乡下，就因为丈夫是壮劳力，挣的工分比她多，梁慧英只好事事听丈夫的。上海倒是反过来了，大概儿媳妇挣的钱更多吧。

儿媳妇是做什么工作的？梁慧英搞不清楚。她难得回家吃顿晚饭，就是回家吃饭，也是电话不断。梁慧英实在好奇，有一次儿媳妇在他们房间里打电话，她按捺不住好奇心，就拎起了客厅茶几上的听筒偷听起来，是个男人，尽说些不三不四的话。有好几次，梁慧英想提醒儿子要注意他老婆的新动向，都是才开了头，儿媳妇那里一叫唤，儿子就屁颠屁颠地过去了。梁慧英搂住孙女，深深地叹了一口气：这样的婚姻能长久？这个念头一冒出来，梁慧英心里"别"的一跳：真到了那一天，凭儿子的怂样，恐怕会两手空空吧?！

孙女过4岁生日那天，一家子包括亲家都团聚在一家高级酒店，酒酣耳热之际儿媳妇开始甜言蜜语："妈妈这两年可是帮了我们大忙，来，"她端起酒杯指示儿子，"我们谢谢妈妈吧。"一杯酒下肚，梁慧英觉得不能错过今天这个机会，说："既然这样，我能不能提一个要求?""说嘛。"儿子不以为然地说。梁慧英白他一眼，心里说：如果不是你这么没出息，我至于到了这么大年纪还低声下气求人?"亲家都在，我就想跟他们小夫妻提个要求。我呢，年轻的时候不懂事跟他爸爸去了那种穷地方。幸亏了儿子和儿媳妇，让我重新回到了上海。上海就是好啊，现在要我再回去，不行了。可是我跟他爸爸都有一块心病，我们总不见得在儿子儿媳妇家住一辈子吧，就想把家里的房子卖了在上海买一处房子。钱差一截，想请儿子儿媳妇帮衬帮衬。"举座愣怔。亲家母滑头，打圆场："应该，应该，只要他们小夫妻有能力。"小夫妻有能力吗？都不置可否。

梁慧英心想：我既然提了这事儿，就要有结果。那天，儿媳妇照例不回家吃晚饭，梁慧英问儿子："上次我说的事情，你们商量得怎么样了？"儿子没想到她这个当妈的把这事当了真，咽了两口菜才说："妈，我们哪里有那么多钱？"梁慧英问："你知道你们有多少钱？"儿子的嘴巴张成了一个 O。可是，他还是不明白梁慧英的心事："妈，现在这样不是很好吗？你们干嘛要买房子？那种旧房子，买回家要花许多钱，卖出去就三钱不值两钱了。""我们要在那个房子里养老送终的，卖掉干什么？"可气的是儿子还不明白她的言下之意，挑明吗？不行，儿子这样的性子，见了媳妇还不和盘托出？那自己的如意算盘就白打了。所以，非但不能挑明，还不能让儿子支支吾吾，就又顶他一句："你跟你媳妇说，如果不能答应我们的话，我们只好回老家住我们的老屋去了。"

又过了两个星期，梁慧英还是没有得到答复，再问儿子，他就把脑袋埋在大腿间，气得她恨不能像他小时候那样操起棍子揍他一顿。那，就直接跟儿媳妇讲。儿媳妇一听，笑模笑样地回答："我们总是住在一起，也不是个办法。要不这样，前两年我们还买过一处房子，小一点，才两室加一个过道厅，装修也没有这里精致。如果你们不嫌弃，就住过去？"瞧瞧，斗争获得了第一步胜利吧！儿子一定不知道那处房子，不然，自己逼他他为什么不提？但梁慧英不打算就此善罢甘休，一咬牙，说："那倒也不是不可以。可是，妈妈就是有一个心愿，想在上海买一处房产证上写着我名字的房子，小一点破一点都没有关系。"儿媳妇一听，面孔一板，哼了一声走开了。

不多久，对梁慧英不利的流言蜚语开始在亲戚间传播，说什么梁慧英没有良心，儿子儿媳妇已经把她从穷乡僻壤接出来过好日子了，却还要逼迫儿子儿媳妇给她买房子，不拿小辈的钱当钱。人家当妈的都贴钱给小辈，她倒好！梁慧英乍一听到，很生气，又想：犯不着跟他们生气，还是想个理由让他们给买房子吧。那天，儿媳妇儿子都在家，梁慧英把五撂钱放在餐桌上："我们把老家的房子卖了。我们农村人最大的愿望就是有属于自己的房子，你们就成全我们吧。"见儿子和媳妇面面相觑，梁慧英又说："我们肯定走在你们前面，到时候房子还不是你们的？我们活着的时候就想要自己的房子，你们就成全我们吧。"话毕，小夫妻不置可否。梁慧英想自己已经把话说到这份上了，就一定要达到目的。梁慧英还知道，比以前更难听的话很快就会传到耳朵里，她不怕，"让他们刻薄我吧。"梁慧英对自己说，谁让我是那个窝囊男人的妈妈呢？

议一议

　　这是一个真实的故事，我只是稍加修饰将它还原在了这里。所以我知道，这个真实的故事，还有一个前缀。

　　梁慧英的儿媳妇是我 20 多年的闺蜜，所以，她打算将在乡下几乎过了大半辈子的婆婆接回上海来的计划在饭桌上向大家公布后的情形，我是历历在目。我清楚地记得，一起吃饭的 12 个人，就没有一个赞同梁慧英儿媳妇

的，"你看不得她在农村吃苦，就在县城给他们买一套房子嘛，他们一定会感恩戴德的。一旦按你原来的主张把她接回上海，结局一定是闹翻"。但是，心地善良的梁慧英儿媳妇还是固执己见了，而结局，果然如我们所料。

要说犯错，梁慧英的儿媳妇没有错，她只是按照伦常规范在做事。错的是梁慧英。而让梁慧英犯错的是住在她心里的小魔鬼：纵然人家已经成为自己儿子的老婆，她也没有把人家当一家人。试想，与梁慧英同住的，是她自己的一双儿女，她会作死作活地让儿子给自己买房子吗？

我们也承认，梁慧英是看到儿子在他们夫妻关系中成了弱势的一方后，才想出要小夫妻给自己买一套住房的馊主意的。那么，梁慧英就又犯了一个错误。儿子已经娶妻生子，儿子最亲的亲人已经由父母变成了妻子——这个道理，许多长辈想不清楚，千方百计地用各种手段来强化自己在小夫妻生活中的重要作用。作为长辈，要懂得适时地退出儿子或者女儿的婚姻生活，不要与他们的另一半争锋。殊不知，有多少年轻夫妻由佳偶变成怨侣，是因为长辈从中作梗"促成"的。

CHAPTER 04　第四章

TA YU JIA

理解长辈的小心眼

　　从十月怀胎到小生命呱呱坠地，再伴随他或她慢慢长大，不用说，一个孩子长大成人的过程，就是父母付出难以称量的辛劳与心血的过程。眼看着自己的心头大爱在一场轰轰烈烈的婚礼之后成了儿媳妇或者女婿的至亲，婆婆或者丈母娘的心里会有强烈的心理落差，这不难理解。可是，当她们将这样的落差表面化甚至物质化了，做小辈的还能理解长辈的小心眼吗？

故事 1

怎能离开我?

我认识他的时候，他总有二十一二岁了吧，因为那一天他刚刚大学毕业到单位来报到。那时，我虽已三十出头，且已经有了一个宝宝，但还没来得及打磨掉性格里过于冒冒失失的弱点。他走进我们单位的办公区域时，我正捧着一叠大样往电脑房去，迎头撞上了他，纸片撒了一地。我有些气恼地蹲下身子一张张地捡拾。我觉得男孩会蹲下身子帮忙，他却没有。我就更生气了，抬头去看他，只见他耷着一双手，一副惊慌失措的样子。我顿时气上心头，没好气地问他："你来找谁?""我……我……我是来报到的。"我站起来送了他一个白眼，都懒得指点他他要

57

找的人事处在哪里。

偏偏他被分派到了我所在的部门。一个月的接触，我发现他并不像我们撞上时所表现出来的那么柔弱和无措。他虽不是一个出挑的男孩子，但也不是让人放不下心来的那一种，就像他的简历中所表述的那样，喜欢按部就班的工作。

我们单位的领导特别喜欢组织一个单位里的人扎堆到处去旅游，为此不惜补贴不在少数的银两。他来单位后的第二个寒假，领导选择的旅游目的地是韩国，还许诺凡是带家属去的，家属的费用单位补贴一半。

一支浩浩荡荡的大部队出发了。大部队中大多是一家三口，也有独自带着孩子的。没有结婚的男孩女孩，如果带的话，也是女朋友或者男朋友。惟独他，带着的，居然是他的妈妈。

船是下午两点多从公平路码头起航的，船慢悠悠地航行，晚饭时间才到吴淞口。灯火辉煌的餐厅，像是一半被我们单位的人以及家属"占领"了，大家闹哄哄地吃着饭说着话，在领导看来，这就是他想要的大家庭的气氛，只见他笑眯眯地在餐厅里巡视一般地走来走去。可是，大家庭成员的身体素质，不像我们家3个人那么棒，第二天早饭时间，餐厅里人少了一半。第二天中饭时间，船已驶入公海，又遇上了小风浪，餐厅里就餐的人数少得可怜，这当中就有他。我仔细观察后发现，他不仅自己胃口极好地吃着船上供应的每一餐饭，饭后必然拿个餐盒荤素搭配地装满。多嘴的人就问他："给谁吃呀？来不了餐厅的，一定晕得把胆汁都吐出来了，还吃得下饭菜？"他就告诉问他话的人，他妈妈虽然呕吐得厉害，但他也要劝妈妈吃一点，不然身体会搞坏的。一番表白，让单位里50岁左右的女同志眼泪汪汪的。

不对劲，是大家踏上韩国的土地后感觉到的。到了韩国，免不了要吃韩国的泡菜和高丽参鸡汤。在鸡汤馆里，他就像上茶送菜的小弟一样围着他的妈妈忙活，而他妈妈还嫌不够，动不动就呵斥他几句，弄得我们这些同事都不好意思起来，他却气定神闲。我们纷纷猜测这孩子是不是他妈妈领养的？即便是，当妈妈的也应该给儿子一点面子吧，尤其在儿子的同事面前。可他的妈妈像是不会感觉

周围异样的目光似的，依旧对他颐指气使。到底是20来岁的小男孩，在乐天游乐场，他抵御不住自杀机的诱惑，想去玩，他妈妈一下下地拍着胸脯颤声道："你要吓死我呀。"他只好作罢，但他显然非常不高兴，这我们都看出来了。我们以为在以后的一路上他会稍稍梗一梗脖子，可是到了华克山庄那个超大自助餐厅，他又跟在他妈妈身边亦步亦趋了。

大概是在一年后，他家里发生了一件大事，他爸爸去世了。这个过程非常快，从被查出晚期肺癌到过世，只有一个月。我们很快淡忘了在韩国时他与他妈妈的关系带给我们的异样感，他们家的天塌了嘛。

几个月后的一个晚上，我有急事找他，打手机，关机了；家里的电话又没人接。我这个急性子，第二天一看见他劈头就问："怎么回事？不在家也不开手机！"他被我吓住了，嗫嚅道："我们没有住在家里，我妈妈说那屋子总让她想起我爸爸，所以我陪她住到阿姨家去了。"我一愣，语塞，心里可是翻腾开了：这年头，能如此关怀母亲的孩子，真不多见。我又想起了他们母子在韩国时的言行举止，不禁担忧：什么样的女孩成为他太太后能接受他们这样的母子关系。

没过多久，他们就把房子卖了，都等不及新房子装修完毕，就搬出了那间让他妈妈伤心不已的屋子，借住到远离市区的农宅。我们当然很不理解，"月有阴晴圆缺，人有悲欢离合"，夫妻间，有和睦的，有别扭的，都有分手的那一天，但像他妈妈对他爸爸的这种怀念，怎么说也有些过分了吧？因为路远，那阵子他来上班总是迟到。他也不想迟到，大冬天的，他闯进办公室的时候头上总是冒着热汗。我们私下议论：他妈妈怎么一点儿都不懂得心疼孩子！好在他家迁往新房子的日子指日可待了。

那年春节，我们到他家的新居家访，挺不错的房子，三房两厅，价格不菲。他妈妈说把原来的房子卖了，又问银行贷了款。"我还能活几年呢，还不享受享受。"话是不错，但听得我们几个面面相觑，只好打趣道："现在只缺娘子了。"他妈妈笑眯眯地指向边上的小姑娘："有了。"什么！我们一直以为这个人是他们家的保姆呢！回去的路上，我们纷纷为他抱屈，多么英俊的一个小伙子，竟然选

了长相平平的女孩做女朋友。我们断定，那女孩是他妈妈硬塞给他的。他怎么连自己的终身大事都由着他妈妈？我们互相打赌，最终他会不会娶那个姑娘？几乎所有人都赌他不会娶那女孩。

我们都错了，等不到秋高气爽，他们的婚礼就在热浪滚滚的七月天举行了。

后来，有机会单独与他外出开会，相对无言的尴尬中我聊到了他的新婚妻子，一种无所谓的情绪从他的神态中流露出来，这可不是新婚燕尔应有的情绪啊，我忍不住多说了一句："凡事都可以谦让，哪里有婚姻大事也随便的？"他不假思索地回答我："我妈妈喜欢，我妈妈都已经喜欢了，我能怎么样？"这个沉默寡言的男人，从那以后竟然开始很愿意跟我分享他的家庭状况了。他说，他和他老婆的工资都悉数交给妈妈，家里的一切都是妈妈说了算。都什么年头了，还有这样的家庭格局？我忍不住要问："你太太居然没有意见？"他没有回答的时候，我恶意猜测，女孩一定是她妈妈家里的亲戚，所以才这么俯首帖耳；或者他太太挣钱不多，必须仰仗他和他妈妈，才能过上像样的日子。谁能想到，他竟然舒展眉头开心地告诉我："所以，我太太是个好女人嘛。挣的工资比我多，却从来不与我妈妈计较什么。你也知道，我妈妈是多难搞的一个人。"哦，我们的议论、我们的猜测他都知道，只是不愿意多加评论而已。这样的话，我对他太太充满了好奇，到底怀揣着一颗什么样的大心脏，才能将一个连儿子都觉得难搞的婆婆，摆得那么平。

他太太怀孕后妊娠反应特别厉害，有一天竟然昏厥在单位里。正好他在外地出差，领导派我上门慰问。我心想，正好，让我去会会这位大心脏的女人。

敲开他家的门，来开门的是他妈妈，我便问："小郑的太太怎么样了？听说她晕过去了，小郑又正好出差，领导派我来看看。"说着，把带去的水果篮递给老太太。老太太右手接过水果篮，左手指了指厨房。什么！老太太竟然让怀孕中刚刚昏厥过的媳妇做饭？我低头白了她一眼，就去厨房找小郑太太。

一通寒暄以后，我拉上他们家厨房的移门问小郑太太："你都晕过去了，她怎么还让你做饭？"

小郑太太一愣，答："家里都是我或小郑做饭呀。"

一个退休在家的老太太不做饭，非要等到两个上班的人下班回家做饭给她吃，这已经够匪夷所思的了，还等着一个有着严重妊娠反应的孕妇给她做饭。到嘴边的话我实在忍不下去了，就说："你们就这样惯着老太太？"

小郑太太埋头想了想，抬起头来眼睛亮晶晶地看着我："婆婆的心思我懂，她要以此来提醒我们，在这个家里她永远是说一不二的当家人。我听小郑说，我公公活着的时候没少跟他唠叨，说他妈妈人不坏，年轻时因为出身不好，被欺负惨了，就想在家里寻找做人的威严。我公公要求小郑，无论如何要让着点他妈妈。既然我嫁到了郑家，就要服从郑家的规矩，宠着他妈妈。我年轻，有的是力气，多做一点也没什么。"一席话，说得我无言以对，从此，在单位里就更关心小郑了。

议一议

这个故事告诉我们，清官难断家务事绝对是一条至理名言。在我们看来有些怪异的家庭结构，恐怕都有着我们不了解的深层次原因，比如，小郑为什么如此宠溺他任性的妈妈？那年头，不知道有多少背负着家庭出身不好包袱的人们，受到了我们难以想象的凌辱。家庭如果再不给他们温暖，他们的人生之路恐怕会戛然而止于半途中。

只是小郑的妈妈将丈夫给予她的特殊关怀，当成了理所当然的，她的任性会给家庭其他成员带来伤害，这是必然的——可这是局外人的判断，一个屋檐下生活的人们，愿打愿挨都是他们自己的事情，何劳我们多嘴多舌？

我们尤其要赞叹的，是嫁作郑家媳妇的小郑太太，能够如此宽容有些刁钻的婆婆。她的理由、她的做法也给我们一种启示，就是当长辈觉得小辈的行为举止不可理喻的时候，当小辈觉得长辈的做法有些不讲道理的时候，是不是别先归因到婆婆和媳妇、丈母娘和女婿终归不是一家人上？而是先冷静下来想一想对方为什么说这样的话、做这样的事。像小郑的太太，想通了婆婆在家里摆出盛气凌人的姿态，只是因为有着想要做一家之主的小心思，"她没有坏心，我何必跟她多计较？"小郑太太的退一步，让一个原本顶梁柱早早塌陷的家庭得以幸福地团结在了一

起。而小郑太太的所作所为，我相信总有一天会打动她的婆婆。不是吗？当老太太的孙子降临这个世界后，她马上来了精神，全心全意地照顾小郑太太，逢人便说："我是得了孙子，又捡了一个女儿。"这样的婆媳关系，多让人羡慕！

能不能问儿子要一栋别墅?

　　蔡彤是一个开悟较迟的孩子,从小学读到高一,一直是学习成绩让爸爸妈妈难为情的坏学生。蔡彤学生生涯的转机,出现在高一学年的期末考试时,他没有预兆地突然就从年级后 50 名的位置跃升到了第 38 名。

　　高一升高二的暑假前,蔡彤让爸爸妈妈去学校开家长会,老蔡跟老婆推来推去,谁都不肯去。蔡彤在一旁看着心里着急,很想对爸爸妈妈说,这一次家长会上老师会表扬我的。他没有说,是因为他没有把握,老师是否会因为他得了年级第 38 名就表扬他。而爸爸妈妈因为他从小学一年级开始就拖班级的后腿,不知道被男班主任、女班主

任、老年班主任、青年班主任骂过多少回了。

推来推去了半天，老蔡老婆拿出杀手锏，问老蔡："你是去开家长会呢还是在家烧晚饭？"老蔡一估量，摄氏36度的高温，憋在厨房里弄一顿晚饭，可不是一件好玩的事情。小鬼头长到这么大，老蔡不知道代人受过多少回了，再被骂一次，又何妨？虱多不痒嘛。

如以往每一次去开家长会一样，进校门时老蔡的头低了低，进教室门时头更低了低，出溜到教室的最后一排悄悄坐下。他希望班主任没有看见他。

可是，家长会的常规程序刚刚走完，老蔡就听见班主任喊："蔡彤的家长来了吗？"又要当众挨批了，可又躲不掉，老蔡只好举了举手，应道："来了。""家长会结束后，您留一下。"老蔡在心里骂蔡彤：你个小兔崽子，又让老子出丑了……

什么？老蔡不相信自己的耳朵，班主任是在表扬蔡彤吗？他凝神屏息地去听，"蔡彤这一次让校长都大吃一惊了，期末考试的成绩竟然考进了年级前50名。下次家长会，我们请蔡彤的家长交流经验，他们是怎么帮助孩子在学习上实现突破的。"

一群家长回头张望谁是蔡彤的家长，看得老蔡脸上火烧火燎的。他和老婆已经很久没有管过蔡彤读书的事，他们觉得蔡彤不是读书的料，就随他去了。哪想到，小兔崽子竟然给他们来了这一出。

家长会后，班主任与老蔡面对面时，直感叹蔡彤醒悟得太晚，"您也知道，我们这所学校不入流，想要考上好大学，太难了。"

果然如班主任所料，用高中最后两年奋起直追，对蔡彤来说太难了。虽然考上了一本院校，但却是几乎在一本院校里垫了底的那所。老蔡和老婆曾经合计过，是不是送儿子出国留学。家里虽不是很富裕，凑出儿子的学费还是有可能的。但蔡彤说什么也不愿意花掉父母好不容易省下来的积蓄，安慰爸爸妈妈他一定能考上一流大学的研究生。

蔡彤不知道，一流大学的研究生名额，多数被本校直升的学生占去了，他又没有办法接触到导师，费了九牛二虎之力最终也没能如愿。还好，他择业很顺利，进了一家

银行。

进了银行，蔡彤深深感觉到，假如不提升一下自己的学历，再怎么努力，在银行里的职位也高不到哪里去。他去打听了一下，某一流大学的 MBA 学费约在 10 万。他掂量了一下，觉得让爸爸妈妈拿出 10 万来不至于太伤筋动骨，就用功考了进去。

拿到那所学校的 MBA 毕业证书，蔡彤的职业天地果然开阔了许多，收入也从在银行时的五六千迅速攀升到了一万五。老蔡和老婆开心啊，开始张罗儿子的婚事。

儿媳妇是老蔡大学同学的女儿。两家人本来就是老朋友，现在成了亲家，老蔡觉得自己和老婆的晚年生活将格外完美。

老蔡和他老婆，特别是他老婆，心理失衡发生在听说儿子的年薪已经达到 50 万的时候。假如，小两口有个孩子，老蔡老婆的心态还可能平缓一些：儿子挣再多的钱，将来都是儿子的儿子的，儿子的儿子就是他们的孙子，说什么也是蔡家的人。小两口决定做丁克，老蔡老婆原本就有想法。现在，儿子的年薪涨到了 50 万，那些钱都给儿媳妇花了，再怎么说，儿媳妇也算不上百分之一百的自家人，老蔡老婆越想心里越不是滋味，就跟老蔡嘀咕。

老蔡好脾气，先是不吭声地听老婆说。老婆说多了，他烦了，就说："我们两个的退休工资都花不完，要很多钱干什么？再说了，说出去难听吗？眼红自己儿子和儿媳妇。"

老婆嘴一撇，说："钱多嘛有钱多的用法。再到欧美去旅游，我们可以坐头等舱、商务舱，就不要在经济舱里受罪了。住五星级宾馆。反正，怎么舒服怎么来。"

老蔡笑了，心想，拿小辈的钱出去瞎糟蹋，你说的也是气话，就好言好语地劝老婆："挣再多的钱，也是蔡彤的本事，你就不要瞎想了。再说了，他们小两口也没有亏待过我们呀，不年不节的，每次回来都买一大堆东西给我们。再问他们要钱，你开得了口啊？"

老蔡老婆说："怎么开不了口？"老蔡老婆喝一口水接着说："蔡彤读那个什么 BA，学费整整 10 万，是我们掏的吧？那时，他已经上班了，我们完全可以拒绝帮他出 10 万块钱。那样的话，他就没有办法跳槽到现在这家单

位，也就拿不到 50 万年薪。"

老蔡一听，老婆说的不是没有道理呀，就问："你想问儿子讨回 10 万块钱？"老婆生气地戳戳老蔡的胸脯，"什么叫讨回 10 万块钱，说得这么难听。我的意思是，我们出的 10 万块钱学费直接影响了蔡彤现在的收入水平。我们有权分享蔡彤的年薪嘛。"

被老婆说来说去，老蔡觉得也不是没有道理呀。他搔了搔头皮，"可是，我们要钱做什么呢？"

老婆见老蔡被说动了，高兴坏了，对老蔡说："我以前一个同事，女儿嫁了个美国人，去年他们回来替爸爸妈妈在松江买了一套别墅，前后都有花园哦，同事在花园里种了很多花，蔷薇、月季、牡丹，哎呀，好看得不得了。"

老蔡打断老婆的话："你的意思是让儿子给我们也买一栋别墅？"见老婆不吭声，老蔡喉咙响了："亏你想得出来，一栋别墅，这得要多少钱？"

"你不要忘记，蔡彤现在年薪 50 万了呀。"

"一栋别墅得要多少钱？年薪 50 万。你自己去算算账。就算蔡彤有能力替我们买别墅，你儿媳妇会同意？你要把自己儿子逼死吗？"

老婆大概也觉得自己过分了，嘀咕道："理想总是要有的，万一实现了呢？"

老蔡笑了。

可他怎么也没有想到，周末儿子儿媳妇回家看望他们，饭桌上，老婆还真把要他们给买一栋别墅的事情，说了。"现在嘛，让我们享受享受，我们总是走在你们前面的呀，到时候房子涨价了，得益的还不是你们。"老婆在说这句话的时候，老蔡就看见儿媳妇的脸色已经不对了。他拦不住老婆，那顿饭以后，儿子儿媳妇总是说忙呀忙呀，没有时间过去看他们，这已经多久了？老蔡掰着手指头算了算，快 3 个月了。

老蔡不知道，有一句话儿子没好意思转达给他们。媳妇说，见过啃老的，没见过啃小的。

议一议

儿子结婚搬出去住后，老蔡和老婆住着苏州河畔三房一厅的房子，周边菜场、医院、超市、绿地样样齐全，生

活非常舒适，根本不需要什么别墅。所以，老蔡老婆想着要儿子替他们到松江买别墅，是醉翁之意不在酒。

那么，问题在于什么呢？问题在于，看到儿子赚了那么多钱自己却享用不到，老蔡老婆的心理失衡了。

这里，我们要劝说老蔡特别是老蔡的老婆，你们只看见儿子年薪涨到了50万，却没有看见儿子为了这50万付出了什么。老蔡老婆跟儿子提了想要他们帮着买一栋别墅后3个月了，小两口借口工作忙没有回家看他们，生气是一个原因，但小两口工作也真是忙。蔡彤每天只有上班时间，没有下班时间；在中学做老师的儿媳妇虽然不像蔡彤那么没日没夜，但是十三四岁的孩子正处在青春期，要对付动不动就叛逆的一班学生，在学校待一天，也够儿媳妇喝一壶的，回到家里，还要照顾蔡彤。这样的小夫妻，能尽量不麻烦长辈过好自己的日子，我们说，老蔡老婆就不要再给他们压力了。

我们也要劝蔡彤的太太，你要弄清楚，婆婆名义上是要你们替他们买别墅，实际上是你"拐"走了她的儿子，让她感到焦虑了。如何解决这个问题？目前似乎也没有最佳方案。我们的建议是，别生气啦，还是一如既往地常回家看看公公婆婆吧，彼此变成亲人以后，一家人也就用不着绕着弯子说话了。记住，想方设法弄清楚婆婆的爱好，满足他们的小心愿，帮他们买两张豪华游的旅行票，帮婆婆买一个她念叨了许久的有些小贵的心爱之物，带他们出去吃一顿大餐……总之，力所能及地满足他们的生活需求，那样的话，他们的小心眼就无处可藏了。

TA YU JIA

CHAPTER 05 第五章

千万别围着小辈打转

　　环顾四周，退了休的爷爷奶奶、外公外婆退而不休，只是工作岗位从单位转换到了家庭的现象，已成规模。每天乘电梯下楼去上班，挤得满满的电梯里，多半是牵着孙辈小手的爷爷奶奶、外公外婆，他们互相交流的时候，东北口音、河北口音、江西口音等混杂在一起。这足以证明，家有儿女的职场生力军，已经离不开爸爸妈妈、公公婆婆、丈人丈母娘的帮衬。

故事 1

我要的，多吗？

"我的腿疼死了，特别是上楼的时候，抬一次腿，膝盖那里就刺痛。"杨秀玲对丈夫诉说着："明天你不要上班了，陪我去医院看看。"丈夫说："那不行。这两天厂里的生产线正好有些问题，我怎么能不去？""哟，哟，你一个退了休的人了，人家就这么离不了你！"丈夫白了她一眼，进了卫生间。按照杨秀玲的脾气，她要一拍桌子大吼一声，可现在住在女儿家里，女婿也已经回家，杨秀玲只好把怒气按捺下去。

躺在床上想快一点入睡，睡着了腿就不那么疼了，可是，丈夫那边已经传来了呼噜声，自己的睡意越飘越远，往事却是越移越近。

35 年前，杨秀玲嫁到邓家，那一年，杨秀玲只有 23 岁，长得天生丽质。没嫁之前，婆婆逢人便夸就要娶进来的儿媳妇是多么漂亮，杨秀玲以为自己这个在舅舅家长大的孤儿就要过上好日子了，哪里知道，嫁了之后婆婆的态度马上变了。杨秀玲的右耳不是有点问题吗？就是有一次被婆婆数落烦了，杨秀玲忍不住回了嘴，婆婆马上扇了她一个耳光，她的右耳顿时嗡嗡直响，然后就什么都听不见了，直到一个星期后，才恢复了微弱的听力。

打那以后，杨秀玲跟丈夫搬出了婆婆的家开始了自己的小日子。起先，杨秀玲感谢丈夫能在这个时候迁就她，可是，右耳几近失聪带来的不便是实实在在的。比如，杨秀玲每天早上要靠闹钟叫醒的，如果这一天睡梦中她不巧选择了左侧卧，那么，闹钟的铃声她就一点儿也听不见了。恼怒之下，她无法不迁怒于丈夫，丈夫只有一味地忍让，这样一来二去的，杨秀玲的脾气越来越大。杨秀玲自己也感觉到了自己的脾气越来越坏，可等到下一次别人说话自己听不真切时，杨秀玲还是按捺不住自己的坏脾气。

还好，随着女儿以及儿子的降生，杨秀玲开始收敛起自己的坏脾气。说是收敛，其实是情不自禁，看到襁褓里的女儿粉嘟嘟的，可爱极了，想到自己在舅舅家度过的冷清的童年，杨秀玲发誓一定要尽自己所能，爱护自己的孩子。

两个孩子读幼儿园、小学和中学的时候，还好，他们在外面再怎么疯玩，夜幕降临以后，他们还是会回家吃她为他们精心准备的晚餐。但是，他们渐渐长大了，长大到了要住到学校里去读书了，杨秀玲想要疼他们，怎么办？杨秀玲就买了两只分成好几格的保暖餐盒，只要有空，就做好吃的饭菜，分成两份装进餐盒里，先送到儿子的学校去，再送到女儿的学校去。

孩子们还在长大，女儿结婚了。女儿结婚以后先是和女婿单独住一套三房一厅的房子，杨秀玲心疼女儿，你想，她在单位里忙上一天回家还要准备晚饭，多累啊！于是，杨秀玲动员丈夫一起搬到女儿家。住进女儿家，杨秀玲又不放心还没有女朋友的儿子，想跟女儿商量让儿子也住过来，不是有三间房间吗？嗨，还商量什么！买这房子

杨秀玲是出了钱的，儿子又是女儿的弟弟。就这样，女儿女婿不知情的情况下，杨秀玲命令儿子也搬进了女儿女婿的三房一厅里。

那是一段在杨秀玲至今想来都是最美好的时光，三房一厅的公寓里，最大的朝南卧室住着杨秀玲和丈夫，稍小的那间由女儿和女婿住，朝北的那间则住着儿子。吃饭、看电视和说话的时候就在厅里。平衡被新情况打破了，女儿怀孕了。这个新情况起先让杨秀玲不怎么舒服，自己喜欢的这种日子会不会因为这个新情况而一去不复返？可是，等到这个新情况变成一个肉乎乎的男孩后，杨秀玲看一眼就放不下了。

外孙是杨秀玲一手带大的，杨秀玲喜欢得不得了。外孙与儿子成了杨秀玲天平的两个等重的砝码。杨秀玲把天平的两端摆放得妥妥帖帖的，女儿、女婿非要插一杠子。先是女婿以单位加班为由，天天到后半夜才回家。杨秀玲心里清楚，那是在向她示威，告诉她家里人多太挤了，不方便了。杨秀玲心里说你只要不说出来我就当看不出，但这不妨碍她跟女儿嚷嚷："小方怎么这么不负责任，我给他带了一天孩子，他晚上早点回家管管孩子，不应该吗？"
总算没有白疼女儿，女儿很快就找机会呵斥了女婿："加
班加班的，谁不知道你昨天晚上唱卡拉 OK 去了！"杨秀
玲希望女婿能吭上一声，那么，她杨秀玲就要告诉他，女
儿也可以捎带着听听："虽然你们有了自己的家，但我永
远是你们的妈妈，你们必须听凭我的安排。"可是，女婿
就是不吭声。这个窝囊废！女儿怎么会看上这个窝囊废
的？怪就怪当初自己忙于儿子找工作，没太在意女儿相中
的女婿，竟是这种脾气的人。

　　腿又钝钝地疼起来，心里不痛快的时候，腿就格外会
疼，明天无论如何要去医院，老头子去不了，让女儿陪着
去。女儿是不是已经睡了？睡了也要把她叫起来。她扯
起嗓子喊："阿敏，阿敏！"他们房间里传来叽里咕噜的
说话声，杨秀玲听不真切，她一撇嘴：不让我听，还不
是那坏小子在说我的不是！气得她又喊："阿敏，听见没
有！"女儿趿拉着拖鞋跑过来："妈，你小点声嘛，囡囡已
经睡着了。"杨秀玲想想还是咽了那句话，她想说你们在
房间里叽里咕噜的，就不怕吵醒囡囡？算了！"阿敏，你

明天陪妈去一趟医院，你爸爸那个老东西说什么也不肯陪我去。"女儿想了想，回答："好呀。要不要叫上阿文？万一……""阿文不要上班吗？他可是要进步的。"女儿什么也没说，睡觉去了。杨秀玲知道，女儿这个小心眼又有意见了，只要你不说，我就当不知道！杨秀玲暗暗与他们较劲。

医生诊断杨秀玲的半月板出了问题，建议她马上住院把那儿的碎骨渣取出来。住院的日子是杨秀玲最得意的，丈夫不上班了，女儿请了两天假后不得不去上班，但每天一下班就会赶到医院来陪她，儿子有空也来看她，就连那个她看不顺眼的女婿，见着她也是恭恭敬敬的。可是，总是要出院的，回到女儿家，丈夫又见不着了，儿子也难打照面了，至于女婿，就是见着了，也是一副窝囊相。只有女儿，还知道早早地接了囡囡回家给她烧几个可口的菜。

这天，杨秀玲把脚搁在茶几上跟正在厨房里忙活的女儿闲聊。女人之间的闲聊，从来就是有始无终的，可杨秀玲与女儿闲聊，终点永远是她数落女婿小方的不是。女儿终于绷不住了，话就有点儿不好听："妈，你就是偏心，你住医院的时候，小方可比阿文去得多，你还说小方不好。"

杨秀玲一听，抬起腿打了一下茶几："你别小方小方的，那是外人。"

也许是脱排油烟机的声音太大，她的话女儿没有听真切，所以接着说："对我和阿文，你也偏心。我买房子，你们就给我10万，还说是借的。可是阿文连女朋友都还没有呢，你们已经替他买好了结婚用房。"

女儿做好了饭从厨房出来，见妈妈沉着脸一声不吭，倒是想问问她怎么了，可想到妈妈这一辈子愁容倒比笑脸多，就什么也没问。哪里想到，等爸爸回来了，妈妈连晚饭都不肯吃说是要回自己的家。大家劝来劝去杨秀玲还是不改变主意，女儿送他们下楼招出租车。在等车的时候，女儿忍不住问杨秀玲："妈，到底为了什么说走就走？"杨秀玲冷笑："不是说我偏心儿子吗？我在女儿家还住什么！"女儿一愣，想要解释什么。杨秀玲不想听，挥挥手让车开。车开了，杨秀玲咬牙切齿地对丈夫说："我偏心？囡囡以后就没人接了，他们就知道我偏不偏心了。"

　　没有等到第二天，杨秀玲就开始想外孙，想得她辗转反侧。老头子嘲笑她，又何必呢。就这4个字，杨秀玲听得号啕大哭起来，哭着，还唠唠叨叨说个没完。老头子用力听，听出来了。杨秀玲说，我就是想让孩子们在我的眼皮底下好好过日子。我要的，多吗？

议一议

　　杨秀玲当然想不通，自己费尽心思地将已经长大成人的女儿儿子拢在身边悉心照顾，倒被他们嫌弃了。假如杨秀玲不从根本上明白自己错在了哪里，她的晚年将在别扭中度过。倒不是说，从此女儿的家就不欢迎她了。事实上，杨秀玲在自己的家没有住满两个星期，女儿、女婿就上门来，道歉、恳请、哀求，总之，用尽手段把杨秀玲请了回去。问题是，同样的戏码三四个月就循环一次，搞得大家都周期性地紧张，搞得杨秀玲也百思不得其解：我只是想孩子们能在我的眼皮底下好好过日子，错了吗？

　　杨秀玲错了。

　　既然承认儿女已经长大成人了，杨秀玲就应该从他们的生活中抽离出来，让他们分头单飞。杨秀玲知道儿子为什么不愿意多回家吗？他已经长大到不想掺和到姐姐和姐夫原本应该很私密的生活中；杨秀玲问过女儿吗？跟女儿单独呆着的时候，女婿是不是还这么闷？他在用这种方式来抗议丈母娘如此不问青红皂白地强行插入他们的生活。

对杨秀玲来说，最佳的生活方式是回到自己的老宅与老伴相依为命。这样的选择，不仅能改善与老头子的感情生活，还能帮助杨秀玲体会到，没有了儿女和孙子聒噪的生活，其实也是一种很好的晚年生活。儿子、女儿总有必需杨秀玲和老头子过去帮忙的尴尬时间。这时候，杨秀玲和老头子再走进女儿的家，境界就完全不一样了。

这个故事告诉所有的长辈，不要舍弃自己的生活乐趣围着小辈打转。吃力不讨好不说，也错过了自己人生中一段美好的日子——晚年生活。

不要将爸爸妈妈当棋子

王菲有一首歌，名字就叫《棋子》，歌中唱到："我像是一颗棋子，来去全部由自己。"王菲吟唱的，是热恋中的女子被爱情俘获得忘记了自己的心迹，而我们借用这两句唱词，是为了呈现一种颇为普遍的社会现象：荣升为爷爷奶奶辈的这一代人，已经不像他们的上一辈，心甘情愿地全身心地照看孙辈。发达的资讯为他们打开了宽阔的视野，他们真切地体会到，世界那么大，应该趁自己腿脚灵便的时候到处去看看。即便是那些不喜欢走四方的，广场舞、Shopping mall、农家乐等，也比被迫圈在家里无奈地与孙子孙女外孙外孙女面对面，有意思得多。

老金是大学老师，30多年前枯坐冷板凳从一众考生中脱颖而出，成为沪上著名文艺评论家王教授的研究生，老金的理想是能接过王教授的衣钵。硕士毕业以后，王教授倒是表示愿意收他做博士，但老金经过3年研究生课程，清楚地意识到，自己不是做学问的料，便婉言但坚定地谢绝了王教授的美意，留在了母校教书育人。

漫长的30年教书生涯，老金没有什么惊人之举，倒也没有脱过班，该讲师了就做了讲师，该副教授了就评上了副教授。熬到了可以评教授的年资，老金觉得，要弄那些论文，实在吃力，弄出来了也未必符合评审教授的要求，便果断地放弃了。没有教授的头衔，老金到60岁就要退休了。看到大学同学、研究生同学因为顶着教授的头衔可以继续留在学校教书，有一刹那老金觉得有些挫败，很快，他就释然了：退休多好，可以带着老杜到处走走去。

老杜是老金的爱人。老杜还是老金的中学同学。他们中学毕业的时候，还是知识青年上山下乡的年代，两个人一起去了安徽金寨。2年以后，老杜上调回城，老金因为家庭成分不好只好无望地待在乡下。

根本没有想到会恢复高考的情况下，老杜不离不弃地在上海等着老金。后来，老金读大学当大学老师了；再后来，老杜所在的工厂倒闭了，老杜成了没有可能再就业的下岗女工，老金都没有动过与老杜分手的念头。

没有嫌弃过，不等于没有意见。对老杜，老金最大的不满，就是在家里坐不住，整天不着家，不是打麻将、斗地主，就是广场舞。老杜参与的这些活动，讲老实话，老金一样都看不上。没退休的时候没有时间，现在好了，老金想，带着老杜到处走走，老杜一定跟以前不一样。

儿媳妇怀孕的消息，是老金退休后4个多月的某一天传到老金和老杜耳朵里的。当时，老金就有些懵，带着老杜到处走走的计划刚刚开启，就要被小毛头困在家里了？观察到公公的神态有些不对，想到公公曾畅想过的退休生活，儿媳妇赶紧甜言蜜语道："别担心，爸爸，我妈妈已经说过了，孩子出生以后她来带，只要……"老杜在广场舞圈子里混了那么久，哪能听不懂儿媳妇的画外音？赶紧接茬："那就辛苦外婆了。我们出钱，我们出钱。"儿媳妇一听，放下心来，说："哎呀，哪能要爸爸妈妈出钱。"老杜更是玲珑，"我们怎么不能出钱？是我们的孙子嘛。"还嫌不够，老杜再加上一句："出不了力的人出钱，天经地义。"

听婆媳二人聊得和谐又和气，老金肚子里的一块石头落了地，赶紧找了一家旅行社，开始了与老杜走天下的第一站，法国南部和西班牙。

在法国小城阿维尼翁，老金和老杜就开始出钱了。小城的婴儿用品商店小巧玲珑，但每一样东西老杜看了都爱不释手，就买买买。要不是童车不好往家带，那辆粉紫色的婴儿车，老杜都要买。

旅行团抵达安纳西时，老杜接到儿媳妇的报告，说医生建议，最好准备一个手动吸奶器，电动的对乳房健康不利，但国内到处都只卖电动吸奶器。老金那一代研究生的英语水平，能阅读艰涩的文献，却听不太懂、说不出口，可怜老金和老杜，连比划带单词的，终于买到了手动吸奶器。

回国的飞机上，老杜跟老金嘀咕，花些钱就能做现成的爷爷和奶奶，很不错哟。老金的退休金加上老杜不多的那一点退休金，两个人花是吃剩有余的，突然要挪出一部分来给孙子买买买，老金觉得，钱用起来有一点紧了。从西班牙回来后，老金以前的同事找上门来，说是一所民办大学正在找文艺理论课老师，问老金愿不愿意去？老金瞬间的想法是，教书已经教够了，就算了吧。可一想到孙子生出来了以后恐怕花费会成倍增长，就答应了。

天有不测风云。老金媳妇还差 20 天就到预产期的时候，媳妇的外公突发脑溢血住进了医院。人倒是抢救过来了，很快也回家静养了，可就是离不了人了，也就是说，亲家母当初允诺的照顾月子和孩子，现如今都泡了汤。怎么办？老杜鼻子里哼了一声，说，不就是带个孩子吗？我来！我倒不相信了，我能把儿子带大，还管不了一个孙子？

老杜错了。那么多年下岗在家，不是打麻将打牌，就是广场舞，她已经在家待不住了。等到儿媳妇也上班去了，老金去学校上课的 3 天，白天家里只剩老杜和保姆。那 3 天的晚上，等到儿媳妇和儿子将宝宝接走后，老杜必得情绪失控地冲着老金大发雷霆。老金觉得这样下去老杜要得抑郁症的，当机立断地辞了学校的课。从此，大学文艺理论专业的副教授，成了带娃主力军。

带着老杜到处走走的计划，因此耽搁了 3 年，重新开启是孙子上幼儿园时。终于可以外出旅行了，老金和老杜开心得不得了，离幼儿园开学还有 1 个月，老金就早早的订了去英伦三岛的行程。意外又来了，本来说好的，爷爷奶奶去英国的那 20 天里，由孩子的外婆来帮忙接送宝宝去幼儿园。事到临头，外婆突然告知他们，没有办法过来帮忙了，因为……外婆抬眼看了看老金和老杜，"就是没有办法来帮忙了。"老金和老杜只好取消行程，损失了一大笔钱不说，还被同行的老伙伴们一同埋怨。至于外婆为什么事到临头变了卦，到现在也还是个谜。老杜倒是想要去问问儿子，他的丈母娘是怎么回事，被老金拦了下来。知道了真相又能怎样？从此以后，别相信孩子的外婆，就好了。

老金和老杜的孙子今年上小学了。小学多半是在下午 3 点左右放学，这个钟点，距离儿媳妇和儿子下班至少

还有 2 个小时，儿媳妇上班路上可以把孩子送到学校，但放学还得麻烦老金和老杜去接。老金和老杜掰着手指头算了算，接孙子回家得接到他上初中吧？那时候，老两口都 70 岁了，还能走得动？想到这里，急迫感涌上老金的心头，于是跟儿子约定，国庆长假呀、他们休假的日子呀，孩子他们自己管着，他要带着老杜到处走走。只是，这个时段外出老金和老杜就约不到老伙伴同行了，你想想，同样是去土耳其 12 天游，国庆长假期间的要价比平时高出了近 2000 元。都退休了，这 2000 元对他们，可真是一笔钱了呢。

与一群陌生人乘坐在去伊斯坦布尔宾馆的大巴里，老金心想，老了老了，活成了儿女手里的一颗棋子，想干什么想到哪里去，都要由他们的时间表来决定。

议一议

相比那些只知道围着小辈打转的爷爷奶奶外公外婆，老金和老杜算是比较有自我的老年人。可又有什么用？

有时候，我也会怼那些离不了父母帮忙的年轻的爸爸妈妈，说我们的孩子就是没有麻烦老人家，都是自己带大的。玩笑过后，扪心自问，我们孩子小的时候，虽然收入低、家里的经济条件不如现在年轻的爸爸妈妈，但是社会福利设施还是比较健全的。比如，我家孩子6个半月就可以送去我先生学校办的托儿所。比如，孩子满1岁后我要恢复上班后，怕下班回家迟了孩子没人接，可以选择带着孩子去上班，到了单位后将孩子送进单位办的托幼机构，我就可以安心上班了。那样，自己虽然很辛苦，但健全的社会配套设施解决了我的后顾之忧。

国家大力提倡年轻夫妇生育二胎的形势下，健全社会配套机构成为当务之急。问题是，当政府将育儿机构配套到位以后，年轻的爸爸妈妈能否像我们这一代人当年那样，即使没有老人帮忙也能照顾好自己和孩子？这是一个令人担忧的问题。

单位里那些家中无老人的年轻人，往往常年不吃早饭，你能指望他们每天耐心地呼唤孩子起床，让他们吃完营养丰富的早饭后再送他们去幼儿园吗？他们自己的晚餐也是要么路边摊，要么外卖，会不怕辛苦地为孩子准备洁

净、健康的晚餐吗？看着他们胡乱对付每天的一日三餐，再心大的老人恐怕也会看不下去，就只好放下自己想要的晚年生活，进驻儿女家帮忙照顾下一代。

越来越多的老人会像老金和老杜那样，想要到处走走，到处看看。年轻人要懂得老人的心事，从学会照顾自己开始，让爸爸妈妈放心地安度晚年，而不是将他们视作自己手里的一颗棋子。

TA YU JIA

CHAPTER 06 第六章

那是他们的亲骨肉

　　小的时候，隔壁弄堂里的一个老奶奶帮忙看护一个脑瘫儿。目测已经三四岁了，他却还不能自主吞咽。每一口饭，老奶奶都要放进自己嘴里嚼得稀烂后再吐到勺子里喂给那孩子。每一次去隔壁弄堂玩遇到老奶奶给那孩子喂饭，我都会觉得特别恶心。

　　现在，听到年轻的爸爸妈妈在一起议论怎么喂养孩子，也是觉得一百个不能理解。什么每一顿奶都要按照书上规定的毫升数，多一点少一点都不行。什么严格按照书上规定的每隔多少时间喂一顿奶，千万不能提早或者延后。什么添加辅食一定要看书上怎么说，决不能听家里老人的话……

　　想必，两代人的分歧集中爆发在婴儿的喂养上，是每个家庭避免不掉的矛盾。如何化干戈于玉帛，良方在于——老人要认清一个事实，那个孩子是他们的亲骨肉；而小辈呢，要真心诚意地认识到，老人所提的每一条建议都是想要帮到你。

故事 1

宝贝，妈妈永远守着你

下星期四就是李幼的预产期，她突然想念起妈妈的莲藕小排汤，想得梦里把口水都流到了枕头上。于是，李幼央求丈夫周末带她去妈妈家。丈夫有些犹豫：李幼的妈妈家在同里，这个江南小镇虽说距离上海才一个多小时的车程，可是，还有四五天就是李幼的预产期，谁知道路上会有什么意外发生？丈夫毅然决然地否定了李幼的过分要求。李幼大声地叹了一口气，给特意从家乡赶过来照顾李幼月子的婆婆听见了，颠颠地跑过来问李幼："我儿怎么你啦？"跟婆婆还不熟，跟不熟悉的人撒不了谎，李幼就这样那样地说给婆婆听了。以为会让婆婆眦上几句，出

人意料地，婆婆呵斥丈夫："带她去，怀孕时不让她吃上想吃的东西，我孙子将来要饿的。"丈夫争辩："万一路上……""呸！"婆婆截住儿子的话头："我在，怕什么！"

就这样，星期六，阳光灿烂的春天的早晨，丈夫开车，李幼和婆婆坐在后坐，出发去同里。一个多小时后，他们顺利到达同里。敲开妈妈家的门，一股浓香的莲藕排骨汤的味道扑鼻而来，李幼笑了，笑得由衷而又阳光。与女儿的婆婆打过招呼后过来拥抱女儿的妈妈，像李幼小时候那样，在她鼻子上轻轻刮了一下："出息的。"

怕有闪失，李幼他们三人当晚就回上海。婆婆和丈夫已经坐进汽车了，妈妈却拉着李幼的手迟迟不肯放开，她一遍遍地告诫李幼，虽说婆婆是来照顾你月子的，她毕竟是长辈，你要拎得清；就要当妈妈了，可别发小姐脾气了，凡事都要忍着。说着，说着，妈妈竟抹起眼泪："乖囡，要不是你爸爸瘫在床上离不开我，你哪能……"怕被车里的婆婆听见，妈妈硬生生把半截话咽了回去。这一咽咽出了李幼的眼泪。丈夫按响了汽车喇叭，"叭叭"的，叫人心烦意乱。

没能挨到星期四，星期二中午，吃过午饭后李幼坚持要洗碗，洗着洗着，肚子疼了起来，还能感觉到底下有东西在汩汩地往外流。李幼扔下饭碗，慌慌张张地往卫生间去。果然，见红了，便跑去对婆婆说了。婆婆听李幼这样那样地一说，笑眯眯地告诉李幼："别急着叫我儿回来，还有一会儿呢，去，躺着去。"李幼想反对的，可是，想到婆婆是三个儿子的妈妈，就乖乖地躺着去了。

后来的事情，谁都始料未及，李幼产门开得飞快，一直到上了120急救车，婆婆还在叨叨："头生子呀，怎么这么快？"疼得"嘶嘶"叫唤的李幼刚想举手制止婆婆，看见医生狠狠地瞪了瞪婆婆，她难为情地闭上了眼睛。到了医院，几个护士边推她去手术室边大喊："快，快，婴儿都露头了。"天哪，我的孩子会不会有问题啊！可是，李幼的嗓子不知怎么的，发不出声音来。

一语成谶吗？李幼不愿意承认，她认为是婆婆让她躺到床上去坏了事。

医生先是把婆婆和丈夫叫出了病房，李幼就觉得奇怪，难道是自己身体出了岔子？李幼动动胳膊抬抬腿，挺

好呀。正疑惑着，婆婆回来了，身后跟着蔫头耷脑的丈夫。李幼惊恐地看着他们，婆婆看丈夫一眼，说："还是告诉她吧，早晚的事。"丈夫挪到李幼跟前，期期艾艾地说："医生说那孩子肝部有阴影，怕是肿瘤。""不可能！刚刚医生还给我们儿子打了 10 分的。"李幼大喊。丈夫垂泪。丈夫是个北方汉子，轻易不落泪。李幼虚弱地问："那怎么办？"丈夫回答："医生说邀请儿童医院的专家会诊。"李幼转头看一眼躺在小床上睡得香甜的儿子，想哭，可是婆婆在，就无语地躺下，到底还是没有憋住，把头蒙进被子，嘤嘤地哭了起来。

诊断是在两天以后下达的。那天，医生还是叫的丈夫和婆婆，李幼也要跟去听，谁劝她也不听，劝多了，李幼就撕心裂肺地喊："他是我的儿子！"大家只好让她跟过去。

医生说："孩子肝上的肿瘤是恶性的，也就是说他得的是肝癌。"

大家都被医生的话打懵了，一时间，诊室里一片死寂。李幼一回过神来，一把拽住医生的胳膊："救救我的孩子，医生。"

医生拿下鼻梁上的眼镜，缓缓地摇着头告诉他们："像这个孩子这样从母体带来的肝病，我们医生一般无能为力。"医生来来回回看李幼他们三个，像是斟酌再三，还是没把话说出来。

医生的神情让李幼的婆婆看到了，就问："医生，您看我们该怎么办？"

"我说的只是参考意见，"医生顿了顿："给这孩子治疗，也是拖时间，所以，我们建议你们放弃。"

"怎么放弃？"丈夫问。

医生突然不耐烦起来："你们把孩子接回家吧，到哪天是哪天。"

三个人没精打采地回到病房，都凑到孩子的床边，心里都在想看上去好好的孩子怎么会得这种病？李幼号啕大哭起来："一定是医生诊断错了，我们儿子怎么会不健康！"

婆婆把李幼扶回床："孩子，别哭坏了身体，医生的话还是要听的。"李幼听出那声音冷冷的。

回家以后，孩子的病症开始显露出来，先是胃口不好，睡眠不好，后是眼睛开始泛出黄色。看见李幼茶饭不思地坐在孩子的床前，婆婆安慰她："黄疸，孩子生下来都会有黄疸，晒晒太阳就好。"李幼急忙点头，不是在书上读到过吗？怎么忘了呢？她"刷"地拉开窗帘，阳光铺天盖地地洒进来，李幼的眼睛不由自主地闭上了。没关系的，只要我的儿子能好起来。

没有好起来，渐渐地，孩子不仅眼睛黄了，浑身上下的皮肤都黄了，他们只好把孩子送到医院。婆婆说："你还没有出月子，我们两个送就行了。"李幼听话地留在家里。

可是，他们没让医生怎么处理，又把孩子抱回来了。和丈夫单独在一起的时候，李幼嘟嘟囔囔为什么不给儿子治疗，给说烦了的丈夫喝道："医生让住院呢，知道交多少钱吗？"

李幼给说哭了，说："多少钱也得治病啊，他是我们的儿子！"

他们的儿子住进了医院。那么小的孩子，躺在婴儿病房那张小小的病床上，显得那么无助。但是，李幼不得不把他留在医院里，只要有一线希望，她就不能眼看着儿子的生命之光熄灭。李幼是让丈夫和婆婆硬从医院拽回家的，婆婆说："孩子已经这样了，你再有个三长两短，我们怎么办？"

很快，儿子也不得不回家了，虽说住院后儿子的气色好多了，但是非常昂贵，才一个月，他们的存款就已经告罄了。能天天看着儿子，当然是一件高兴的事情，可是，李幼看见的儿子脸色越来越黄，身体越来越虚弱，眼看着哭都哭不出声音了。李幼对丈夫说："我们还是把儿子送到医院去吧。"丈夫捧起李幼哭得肿胀的脸："我们已经没有钱了。""借呀，去借呀。"李幼哭着嚷嚷。婆婆插进他们两个人中间，对李幼说："孩子，不是当妈的心狠，医生已经说了这病是没得救的，我们为什么还要把钱往里扔？你们还年轻，听妈的话，再生一个。"你怎么可以把这么残酷的事实赤裸裸地摆在我这个当妈妈的面前？李幼歇斯底里地推开婆婆，从床上抱起儿子喊："儿子，你爸爸和奶奶都不要你了。妈妈要你，妈妈还要救你！"李幼腾出一只手去拨电话，她要找妈妈帮助她。拨着拨着，李

幼又搁下电话，妈妈怎么帮她？她不能帮助妈妈去照顾瘫痪在床的爸爸已经很不尽孝道了，怎么还能去麻烦妈妈？妈妈怎么还有能力帮助她？李幼把自己和儿子锁在卧室里，失声痛哭起来。

　　是儿子断断续续的哭声叫醒了李幼，李幼揉揉眼睛，阳光已经照进房间，她哼哼着："儿子，饿了吧，我们先换尿布再吃饭，好吗？瞧瞧，尿了这么多，妈妈都拿不动你的脏尿布了。"哼哼到这里，李幼想起昨天晚上都发生了什么。咦，屋子里怎么这么安静？李幼拉开卧室的门，眼前一亮，她发现客厅里有很大的变化，看来看去，原来有人把屋子打扫得窗明几净，李幼再去看另一间房间、厨房和卫生间，一样的窗明几净。这是怎么啦？李幼这才发现餐桌上有一张纸条，她拿过来读，读着读着，拿纸的手颤抖起来。上面写着：我跟妈妈回老家了。我们劝你你也不听，非要把钱往水里扔。不要找我，找不到的，我的手机会一直关闭，直到你冷静下来能够听得进我们的建议……儿子虚弱的哭声又响起来，他饿了。李幼给儿子冲了一瓶奶，抱起儿子，把奶瓶塞到儿子嘴里。儿子吮吸的力量很微弱，可是，没有关系，宝贝，妈妈永远守着你！

议一议

　　我把 3 段道听途说组合了一下，写成了这样一个故事。要不要将这样凄惨的故事放在这里？我有些犹豫。最后，还是决定留用，是觉得这个故事的内核，也还是婆媳之间如何沟通的问题。

　　真实情况是，那个带着肝癌来到这个世界上的小男孩，在他 6 个月时又回到了天堂，正如故事中李幼的婆婆所预言的。在伴随孩子的 6 个月里，李幼花了钱也没能留住人，自己也因为伤心过度而非常憔悴。

　　虽然难以接受，当医生断言孩子的疾患难以治愈时，选择放弃也许是最正确的。我曾经的同事，怀孕时腹中的胎儿被诊断出患了唐氏综合征后没有听从医生的劝告，而是依照婆婆的吩咐生下了孩子，从此与一个病孩子捆绑在了一起，苦不堪言。

　　到故事结束的时候，我们都看不到李幼听从婆婆劝说的迹象。我们说，那是因为婆婆在劝说儿媳妇的时候，没

有考虑到一个很关键的关键句，再怎么着，那孩子也是李幼的亲骨肉。

我们用一个极度悲伤的故事，想要提醒将矛盾积累到如山大的婆婆和媳妇、丈母娘和女婿，是不是在沟通的源头就错了位？

那么，不错位的沟通源头在哪里？就是本章的标题——"那是他们的亲骨肉"。

假如婆婆能够将这句话放在心上，念及李幼怀孕九个月的不易，就会将劝说李幼的时间拉长，慢慢地将自己正确的认知灌输给儿媳妇，并给她足够的转变空间，而不是用不告而别的手段来逼迫儿媳妇，也许，故事会有一个相对安全的结局。

假如念及病孩有着婆婆四分之一的骨血，也就是说，那孩子也是婆婆的亲骨肉，李幼再去理解婆婆的建议，就不会那么偏执了。

我们觉得，从"那是他们的亲骨肉"出发开始婆媳之间的良性沟通，像这么伤感的故事都会有一个安全的结局，就更不要说那些因为鸡毛蒜皮的小事而起的冲突了。

故事 2

把公公找回来

　　许如意的老家，在大山深处。大山深处的女孩，都逃不了这样的命，读半拉子书后，帮爸爸妈妈操持家事，再靠运气找一个男人嫁了。运气好，太太平平过一辈子；运气不好，将将就就过一辈子。嫁一个男人生几个孩子，重复一次妈妈的人生而已。许如意的运气，在她出生的时候就遇到了，就是她爸爸是个乡村教师。

　　许如意有一个哥哥一个弟弟，按照妈妈的意思，许如意能认识几个字就可以回家帮衬家里了，但爸爸不同意。爸爸说，如意书读得那么好，不读下去可惜了。爸爸的话，如意听到了心里，从此更加认真读书，竟一路读到了

大都市的大学。大学毕业以后，原本可以保送研究生的，但许如意选择了去上班，努力工作，拼命加班，拿到工资后，只给自己留下必需的生活费，其余全都寄回家，感谢爸爸，孝敬妈妈，帮助哥哥和弟弟。

妈妈是 6 年前病逝的，爸爸也在前年寿终正寝，哥哥和弟弟也有了自己的家庭，许如意喘过气来，开始筹划自己的婚姻大事，她已经年近 30。

30 岁的女孩，被社会阴损地称为剩女。仔细想想，剩女一词也蛮客观的，许如意喜欢过的男人，几乎都已经名草有主。在大都市里倍感孤独的许如意，想要早早地解决婚姻大事，就拜托给了婚姻介绍所。

的确，林峰是婚姻介绍所推荐给许如意的，但许如意后来总是默认，林峰是上苍送给她的礼物。33 岁，比自己大 3 岁，是本地人，有一小套房子。真的是一套小房子，是老公房里那种一室半的房型。能嫁给一个在大都市里有一套小房子的男人，许如意满足得不得了，唯一不满意的地方，林峰是个孤儿。许如意心想，这也是上苍送给自己的礼物，就是非让自己的生活链里缺一个环节，让自己的孩子没有爷爷奶奶和外公外婆。

跟邻居交往，是从生下琳达开始的。婴儿需要晒太阳，这样，她从胎里带来的黄疸才能快速褪掉。一室半的房子在二楼，光照不足，太阳好的天气，许如意会抱着琳达下楼坐到大楼前的小花园里。一来二去，许如意就跟几个阿姨成了点头朋友。

这几个阿姨也许吃相有些难看，红衣绿裤、咋咋呼呼。可一旦你成了她们认可的朋友，就处处护着你。许如意一个人抱着琳达去打预防针，正好遇到下雨天，许如意一个人照顾不过来，林峰又不舍得请事假，阿姨们会推荐一名阿姨陪许如意去医院。

"林峰的爸爸要是知道自己当爷爷了，要开心死了"，这句话，是阿姨们与许如意聊天聊得高兴时不知是谁蹦出来的一句话。乍一听到，许如意吓了一跳：林峰的爸爸不是过世了吗？许如意决心要破解这个秘密。

破解这个秘密，许如意用了3个月。原来，林峰的爸爸是被林峰气得离家出走的。林峰为什么要惹父亲生气？阿姨们说，林峰的爸爸长得比林峰帅多了，又喜欢招蜂

引蝶，打从与林峰的妈妈结婚以后，就没缺过女朋友。为此，林峰的妈妈没少跟他爸爸争吵。有一次，林峰的爸爸妈妈又吵了起来，吵得特别凶，吵着吵着，林峰的妈妈突然倒地昏迷，林峰的爸爸害怕了，赶紧打电话叫来了救护车，却没能救回老婆的命。原来，林家包括林峰的爸爸都不知道林峰的妈妈心脏有问题，生气加上争吵太过激烈，诱发了林峰妈妈的心脏病。

妈妈死了，林峰认为是爸爸造成的。妈妈的丧事办完后，林峰就不给爸爸好脸色看，林家是天天有小吵，三天一大吵。林峰爸爸呢，本来也为老婆意外去世心怀内疚。儿子不放过他，天天提醒他是一个害死老婆的罪人，他终于受不了，走了。

了解了林家的过往后，许如意有些不开心：林峰怎么能不告诉她这么重要的家庭变故？她前思后想，觉得林峰爸爸虽然有负于林峰的妈妈，可妈妈人已死了，不能复生，把爸爸赶出家门，总不是事。许如意决定，要把爸爸找回来。

当然不能将自己的决定告诉林峰。可是，不知道林峰爸爸的模样，怎么找？许如意只好旁敲侧击地问阿姨们，你们都说我公公长得好，到底好成什么样子啊？他住在哪里，你们有谁知道啊？阿姨们非常警惕，追问："怎么？你打算……"许如意觉得，这时候应该打苦情牌，就告诉阿姨们："我公公千错万错，终归还是林峰的爸爸。他年纪嘛也越来越大了，我有些不放心。"阿姨们面面相觑，她们没有想到，这个外来妹还这么有良心，就跟许如意打包票，上天入地也要帮她打听到人在哪里，顺便再找一张照片。

阿姨们的能量让许如意目瞪口呆，不到一个星期，她们就告诉许如意，林峰的爸爸就在一家花鸟市场帮人看摊。他不让别人给他拍照，所以，许如意看到的，是一张林峰爸爸影影绰绰的侧影，比林峰还要好看？算了吧，人都已经佝偻了。越是这副模样，许如意越是觉得必须找到他。

第一次去花鸟市场，许如意把孩子托付给了阿姨们。走进花鸟市场，许如意大吃一惊，没有想到花鸟市场这么大，迷宫一样弄堂套弄堂。许如意生怕宝宝饿了困了哭喊

着找她，就加快了步伐，有几次撞到了捧着花束的人，没少被人白眼。她很幸运，半个多小时以后，看见正守着一大滩红玫瑰的老人，像是林峰的爸爸林祥贵。许如意轻轻地走过去，轻轻地喊道："林祥贵。"老人猛一抬头，许如意明白，自己没有认错人。她笑着迎上前去，告诉老人，自己是林峰的老婆。就一句话，听得老人眼睛湿了，他盯着许如意左看右看，嘴巴翕动着。许如意听不见他在说什么，但是他很高兴，许如意看出来了。她趁热打铁："林峰不仅有了老婆，还有了儿子呢。"见老人眼睛亮了，许如意再跟上一句："您不想回家看看？"老人的眼睛顿时暗淡下来，缓缓地摇着头："姑娘，谢谢你的好意。我哪里还有脸回去。"这样的结果，许如意想到过，所以，她笑笑，接过老人送给她的一大捧红玫瑰，回家了。

将一半红玫瑰送给帮着照看孩子的阿姨，还有一半，许如意找出一只久未启用的花瓶，插了起来，放在餐桌上。下班回家的林峰，一看见红玫瑰，打趣："今天是什么好日子？"许如意抿嘴笑笑。等到宝宝睡熟了，许如意问林峰："你知道玫瑰是哪里来的？"林峰玩笑道："不会是哪个追求者送的吧?""去!"许如意搡了林峰一把,"你爸爸送的。"林峰大惊失色,又一想,现在这个网络遍天下的年代,想要找一个人,不是一件难事。他后悔,与许如意结婚前没有下定决心将这处房子卖掉。他低吼:"不许你跟我提这个人。"许如意笑笑,这也是她预料中的。隔了一个星期,许如意再去花鸟市场,这一次,她带着宝宝。一看见孙子,林祥贵激动得站起来围着许如意转了一圈又一圈,问:"我能不能抱抱他?""当然。"许如意说着将孩子递到林祥贵的怀里。这下,林祥贵老泪纵横道:"林峰小的时候,一出门,都是我抱着。他妈妈身体不好,我们……唉,我怎么就没有想到,她有严重的心脏病呢!"许如意一听,大概明白老头为什么喜欢拈花惹草了。她更坚定了要说服林峰把老人接回去的信心。

当晚,许如意告诉林峰,自己又去看过他爸爸了。这一次,林峰不像上次那般反应强烈。许如意觉得,过去一个星期,他也在考虑修复父子关系的问题。于是,许如意将自己的猜测告诉了林峰。林峰愣了半晌,冲妻子低吼:"别再跟我说这些。"

又做了林峰2个多月的工作，一家4口团聚的好戏，终于上演了。只是，一室半房子实在太小，林祥贵再住进去，不可能。正好一楼有一间一室户的房子在寻租，许如意将房子租下来稍微装修一下，让林祥贵住了进来。又过了1个多月，许如意该上班了，想给孩子找个保姆。林祥贵一听，阻拦道："找什么保姆，林峰就是我一手带大的。"许如意跟林峰一商量，替爷孙两个找了个4小时的钟点工，就每天上班将宝宝送到一楼，下班后在一楼吃了饭再抱着宝宝回家。

邻居们都称赞许如意是个特别有良心的好媳妇，许如意打趣："哪里！我把公公找回来帮着带孩子，既省心又省钱。"阿姨们拍打着许如意，咯咯地笑成一团。

议一议

因为是一个真实的故事，所以，我曾经问过许如意，现在的年轻夫妻都不愿意跟老人一起生活，你为什么要把已经丢失的老公公找回来？许如意说，嫁给林峰以后，我总觉得他时不时地会陷入不明所以的沉思中，我知道他有心事。跟一个心里有缺憾的人生活一辈子，我会难受。再说了，林祥贵与林峰是亲骨肉，他们的一拍两散是置一时之气，他们需要一个台阶和解，我就是那台阶。许如意又说，自己的爸爸妈妈早早去世了，让她很遗憾没能很完整地报答养育之恩。现在，可以通过林祥贵来报答养育之恩，林峰心里一定会感激自己，也会更加爱惜自己。自己现在等于是被林家3代男人宠着，生活很甜蜜。

我们可以说许如意很聪明，可是，许如意的聪明源自善良的内心世界。假如她不是一个善良的好姑娘，能从大山深处走到大都市，她会觉得是凭借自己的聪明以及自己的努力，再去思考当年母亲想要让她辍学的往事，就会怨气十足。当怨愤充填了你的脑子时，该有的聪明才智也就没有地方存放了，许如意又怎么可能考上那么好的大学？又怎么可能在工作中如鱼得水？又怎么可能遇到林峰？而她寻找林峰爸爸的桥段，更给我们大多数做媳妇、女婿的人一个启示：生活习惯、处事方式的不同，我们可能与婆婆公公、丈人丈母娘一时无法和谐相处。假如我们使着自己的小性子非要与老人对着干，你问过自己吗？他们与

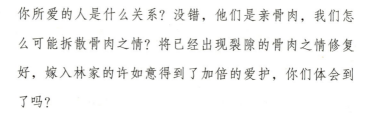

你所爱的人是什么关系？没错，他们是亲骨肉，我们怎么可能拆散骨肉之情？将已经出现裂隙的骨肉之情修复好，嫁入林家的许如意得到了加倍的爱护，你们体会到了吗？

TA YU JIA

别忘了晚年也有生活

　　许多年轻人会不自不觉地将家中的老人看作附属品，看作累赘，他们会觉得老年人很烦，老年人是个大麻烦。在那种思想指导下，对老人的态度怎么会好？呼来喝去，便成了家常便饭。

　　许多老人也会情不自禁地觉得自己脑子不比从前灵活了，腿脚也不如从前灵便了，就自动将自己降格为小辈的附庸，不再有自己的生活。

故事 **1**

她只是想要自己想过的日子

　　我认识她的时候，她已经 60 多岁了，所以，她的故事我都是听来的。

　　高邮这个地方，因为汪曾祺的妙笔而闻名遐迩，高邮的咸鸭蛋也是如此。其实，咸鸭蛋走出高邮走进大上海，要比汪曾祺的文名走遍中国早很多年，而她娘家就是做咸鸭蛋生意的。会不会是因为她的家族咸鸭蛋才享有了现今这样的盛名？我明白这些都是珍贵的家史时，她已经不在了。不过，她的娘家颇为富足，我倒是总听她念叨。她说，她的妈妈认定家里太有钱了对男人坏处大于好处，就替她找了个日子过得不温不火的婆家。她说，她妈妈说什么也没有想到，家里没什么钱的男人坏起来也是没个边。她嫁过去不久，就看出她的男人好赌。婆家有 3 个儿子，他们结婚后，就因为她丈夫好赌，公公婆婆就将他们的小家庭从大家庭里分了出来，分到的一点点钱很快就被男人赌光了。"救急不救穷"，娘家在她最窘迫的时候帮过她，见她男人一有钱还是千方百计地去赌，就不再管他们了。没有办法，她撺掇男人带着 4 个孩子到上海找活路，也是为了隔绝男人与那些赌友之间的联系。走投无路下，男人同意了她的建议。她到已在上海发了小财的大哥家帮佣，男人则进烟厂上班。赌徒之间像是有气味一样彼此吸引，到上海不久，男人就又开始赌博。在烟厂三班倒的男人，下了大夜班不回家睡觉，直接去赌友家赌了起来……输了刚刚到手的工资，气血攻心，坐在牌桌旁的男人一个倒栽葱不省人事了，人没送到医院就一命呜呼了，说是脑溢血。那一年，她只有 40 岁，8 个孩子中最大的 18 岁，最小的才 16 个月。

　　一个家庭妇女是如何把 8 个孩子拉扯大的？这始终是我心里的一个谜，想问个究竟，一直没有机会，只听她说过几个片段。

一天，天刚蒙蒙亮，她已经端着个大木盆在公用给水站洗起了衣服。与她一样勤快的邻居看见她奇怪地问："吴奶奶，昨天还看你挺着个大肚子呢，今天怎么没了？小孩子呢？"

"生下来了。"

"生下来了？什么时候？"

"半夜里。"

"半夜里？没看见接生的来嘛。"

"我自己生的。"看见邻居错愕的表情，她有些得意："半夜里肚子疼了，我赶紧烧了一大盆热水，又抓了一个瓷碗过来。"

"瓷碗？"

"等孩子出来了，我打碎了瓷碗拿碗茬割断脐带，又给小孩子洗了个澡，现在正睡着呢。"

这个小孩子就是她丈夫死时才 16 个月的小儿子。也许就是这个缘故，她对这个小儿子格外上心，家里剩下最后一口大饼，一定留给小儿子。其他孩子渐渐有了一个共识我们的妈妈是一个很小气的人。

二儿子16岁那年就进灯泡厂当学徒帮衬家里，去上班总不能破衣烂衫吧，她就去买了一段处理的白色龙头细布，回家后拿黑颜料染一染，做了套衣服。很多年以后，二儿子说起这事儿还颇有怨言："我妈妈实在小气，那样的衣服还不给我做两套。灯泡厂的温度很高，天天出一身臭汗，衣服天天要洗。碰到下雨天，第二天早上穿上去上班，它还是湿的。"她一次次地听着二儿子的抱怨，笑着，掉光牙齿的瘪嘴撇了撇："你不知道当那个家有多难，还有那么多弟弟妹妹要吃饭。"

她就是我奶奶，她的二儿子就是我爸爸。

我在外婆家待到8岁不得不上学了才回家，回家没多久就发现一个秘密，就是跟我家同在一个屋檐下过日子的我奶奶，并不跟我家在一口锅里吃饭。狭小的厨房里，总是我妈或者我爸做完一家四口的中饭或者晚饭后，才轮到奶奶进去烧煮她一个人的饭食。刚发现这个秘密的时候，我以为我奶奶小气得不肯让我们揩油她的生活费。我奶奶一辈子没有上过班，也就没有退休工资，她的生活费由8

个儿女分担，一个人给她 10 元钱，一个月就是 80 元。在 20 世纪 70 年代，一个人一个月的生活费能有 80 元，已经很富裕了，可以想吃什么就吃什么。不错，20 世纪 70 年代，鸡鸭鱼肉鸡蛋鸭蛋都要凭票供应，但高邮乡下时不时会来人送点农副产品到家里。一只鸡一只鸭一篮子咸鸭蛋，对一家四口，又有两个大胃王的我家来说，几餐饭就能消耗殆尽，但奶奶家只有她一个人呀，大家不是都说奶奶小气吗？小气的奶奶一定不想我和弟弟分享她的好东西，才要和我家分锅吃饭的。

通过一段时间的观察，我发现奶奶的碗里有什么好吃的东西，一定不会少了我弟弟的。我是奶奶不喜欢的女孩，自然吃不到她的好东西。平心而论，她的碗里大多数时间都孤寒得我一看就想哭，什么清炖臭豆腐、清蒸臭冬瓜、清炒萝卜丝。讲真的，远远不及我家的伙食。那么，她为什么还要与我家分灶吃饭？

问她这个问题时，她已经躺在三孃孃家的一张小床上等待死神来访了。她说，她没有像我们所想的那样，问子女要那么多抚养费。三孃孃一听，撇撇嘴控诉："是呀，

就知道让我们难堪。"三孃孃想说的这件事，发生在奶奶70多岁的时候，那时候，三孃孃是里弄干部，手里多少有一点小权，比如，居委会接到像拆沙头、绗棉衣的活儿，她能决定给谁做。奶奶听说里弄里来了几百件棉袄需要绗缝时，就央求三孃孃弄一些给她做做。三孃孃当然不答应，回答："要钱吗？我跟哥哥姐姐弟弟妹妹们说，给您加生活费。"奶奶说："我哪里需要钱！我一个人在家实在厌气，找点活干干。"三孃孃听说这个理由后，果真给她弄了几件棉袄回来，然后，我奶奶就开始没白天没黑夜地绗棉袄，终于病倒。兄弟姐妹抱怨过三孃孃后，问她，为什么这么拼命？她答，想多绗几件多挣几个钱。大伯伯一跺脚："要钱跟我们说呀……"我奶奶拦住大伯伯的话头："我自己挣的钱花得舒畅。"

现在，回忆这件往事，我觉得奶奶她是一个相信自己有能力独立生活的人，要不然，她何以在我爷爷病故后能将8个孩子养大成人？那个过程中，吃过的所有苦都凝练成她的人生经验，就是谁给你都不如自己有，牢靠。所以，就算过了60岁，她也不想躺倒在别人的照顾里安度晚年。不愿意跟我爸爸妈妈吃一口锅里的饭，是她这种生活态度的外在表现。我尤其难忘，我生孩子坐月子的时候，想洗澡，妈妈说什么也不让，奶奶却说，"为什么不能洗澡？老法说孕妇不能洗澡，是怕她身体虚弱晕倒在浴室里。"她拍拍我的肩："你去，浴室门不要关，奶奶守着。"我还尤其难忘，坐月子期间突然想吃蛏子，想得坐卧不宁。我妈妈说，孕妇不能吃那东西，太寒。奶奶却说："想吃说明她的身体需要，给她吃。"

家庭成员彼此间的影响体现在什么地方？就在毫不起眼的衣食住行处。我奶奶用她点到为止的提醒和七八十岁依然能独自生活的能力，告诉我，只要愿意，想要的生活就能持续到生命停止的那一天。

我奶奶，生于 1911 年，卒于 2002 年。

议一议

我奶奶的故事能提醒我们这样两点：

一是，小辈要懂得长辈的心思。我得说，当年我爸爸妈妈可没有少议论我奶奶坚持要一个人单灶吃饭这件事。

"生怕我们揩她的油吗？"这是最让他们愤慨的理由。可总是看到奶奶为自己准备的伙食素朴到难见荤腥，又劝说奶奶："你这样下去，兄弟姐妹会怪罪我们没有好好照顾你的。"奶奶硬是坚持独自一人柴米油盐，还在一次过年全家聚餐时郑重宣告，随我的心意过自己的日子，是我最大的心愿。你们都已经长大成人，都已经有了自己的家，我从你们爸爸去世以后就一直为你们操心，现在，你们就让我想怎么过就怎么过吧。

二是，到了晚年也不要轻易放弃自己生活的能力。我也觉得一个70岁的老人连夜纫棉袄这件事，奶奶做得有些过分，等到孃孃取消她做这件事的权利以后，我悄悄问过奶奶，为什么？老人腼腆地回答：想要告诉你们，我70岁了，也不是一个废人。 这番话，让我爸爸妈妈颇为震动，就跟爸爸的兄弟姐妹商量以后，安排一些一个70岁老人力所能及的家务给她做。比如，去菜场买菜，买回家后拣菜。让她教家里的女孩子绣花，过年过节前让她指挥我们腌制咸肉……那时，我家院子里有一棵无花果树，冬天只剩下枝条时，有太阳的日子，奶奶就指挥我们将腌制的肉食挂到枝条上晾晒。无花果树变成"肉树"后，也是奶奶最得意的时候。至今我脑子里有一个画面，就是奶奶坐在太阳下的藤椅里，望着树上的咸肉、凤鸡、咸鹅等，满足地笑着。

　　奶奶的心态是她这一辈子吃尽苦头还能活到 91 岁的法宝。她的好心态就来自从来没有觉得自己是一个衣来伸手、饭来张口的废人。

故事 2

请送我去养老院

侯杰是苏凤娟的女婿。他们家也真是奇怪了，女婿和丈母娘有的聊，而丈母娘跟女儿说不上三句话，就会大吼大叫起来。

大概在女儿读高中的时候，苏凤娟就跟丈夫抱怨，说他把女儿宠坏了，都是个大姑娘了，却一点儿也不懂事，动不动就跟自己争吵。丈夫可不承认，"你们是更年期碰到了青春期"，这是丈夫的原话。

好吧，苏凤娟心想，更年期、青春期都会过去，到那时她和女儿就能和谐相处了。

假如丈夫的判断正确，那就是她的更年期以及女儿的青春期都超长。女儿读大学期间，只要回家，待不了三两天，母女俩就会为了鸡毛蒜皮的小事大呼小叫。夏天的午后，非常炎热，女儿要出门看电影，穿一袭吊带裙就要走。苏凤娟心里明白，好好说这句话，女儿也许更听得进，但像是管不住自己舌头一样，话一出口就伤人："裙子的带子这么细，万一半路上断了怎么办？"女儿气得狠狠瞪了苏凤娟一眼。苏凤娟嘴角一扬，心想，来吧。女儿却因为赶时间，咽下了回击母亲的话，将门摔得山响，绝尘而去。丈夫鼻子里哼了一声："她是你的冤家呀？非要这么说话。"苏凤娟嗫嚅："我想让她带条披肩的，电影院里空调一开，肩膀要冻坏的。"丈夫从苏凤娟手里夺过披肩，追了出去。

女儿大学毕业后，因为公司离家不太远，就住回了家。可没过多久，女儿就借口公司加班多，太晚了回家不方便，就跟小伙伴在公司隔壁的弄堂里租了一间二楼前厢房。一个月一趟，是女儿回家的节奏，苏凤娟就抱怨："这种小孩养她出来有什么意思？我们还能吃能动呢，就不愿意搭理我们了。"丈夫反唇相讥："她一回家你就没事

找事跟她吵架，鬼才想着回家呢。"苏凤娟刚想反驳，想起上次女儿回家因为她把头发染成了紫色两个人又大吵一架，就不吭声了。奇怪的是，这一次丈夫的指责竟一下子治好了她的更年期。打那以后，苏凤娟对女儿不再鸡蛋里挑骨头了。或许是女儿看到了妈妈的变化？或许是女儿的青春期也过完了？或许是侯杰改变了女儿？总之，女儿也不像以前那样跟苏凤娟针锋相对、寸土必争了。

　　苏凤娟的家，前所未有地和谐了。两年过去后，女儿要与侯杰结婚，苏凤娟考虑到侯杰的家在外地，他的爸爸妈妈虽是当地有头有脸的公务员，可让他们支援儿子在上海买婚房，还是有一点吃力的，就建议他们把新房做在家里。前所未有的，丈夫坚决反对苏凤娟的提议，他让女儿女婿自己买婚房，小一点都没有关系，实在凑不够首付，他和苏凤娟可以支援一点。苏凤娟怀疑他们父女是商量好了来联合对付自己的。你看，女儿毫无意见地应下了。苏凤娟的脾气变好了许多，要是从前，一顿大吵肯定免不了。

　　女儿和侯杰在爸爸妈妈家的小区里选了一套小两室一

厅的房子。苏凤娟不解："新楼盘里好房型多呀，何必在我们小区买旧房子？"侯杰抢过女儿的话头："你们慢慢就要进入需要人照顾的年龄，住得近，方便些。"苏凤娟嘴上说："哟，我们已老成这样了？"心里却乐开了花。

女儿、女婿结婚后，亲家三不五时地来上海住几天。这时候，苏凤娟觉得丈夫当时的决策有多么英明！亲家虽然修养不错，可过多接触总不是事儿，这样挺好。只是自己出了首付给女儿买了婚房，现在侯杰的爸爸妈妈成了常客，想到这，苏凤娟心里会不舒服。丈夫就讥笑她："人家侯杰爸爸妈妈也出了一大笔钱的。"苏凤娟不买账，回话："可是，那房子我们一天都没有住过。"丈夫哑然失笑："我们有自己的房子，要去住在他们家做什么？行行行，我跟侯杰说，哪天他爸爸妈妈不在，你去住两天，让你心理平衡点。"气得苏凤娟笑着推了丈夫一把。

都说心胸开阔的人长寿，这话放在苏凤娟丈夫身上怎么就不成立了呢？在他们的外孙侯明昊上小学一年级的时候，苏凤娟丈夫被诊断得了淋巴癌，3个月后撒手人寰。开过丈夫的追悼会后，女儿跟女婿做了一个决定，他们一家搬到苏凤娟家里陪伴她。也就是从这个时候开始，苏凤娟跟侯杰成了最佳聊天拍档。

苏凤娟从丧夫的哀痛里平复下来后，才想到打听侯杰的爸爸妈妈是不是回老家了。"我爸爸妈妈住在我们的房子里呢，"侯杰说，"侯明昊上学需要人接送。"苏凤娟一听，嘴巴张了张，却又什么也没有说。她想说，现在我可以接送侯明昊了，又怕这样的话说出去亲家会多心她要赶人家走。想到这里，苏凤娟又想哭，她想告诉丈夫，自己比他在的时候大度了些。

又过了两个月，侯杰跟苏凤娟商量："妈妈，侯明昊上学放学还是请您帮忙接送一下？"

苏凤娟一愣，"怎么？你爸爸妈妈要回老家？"

侯杰犹豫了一下，答："是的，家里有些事。"

苏凤娟就毫不犹豫地将事情应承了下来。

又过了一些日子，无意中苏凤娟听女儿说，侯杰是因为好几次看见苏凤娟呆愣愣地坐在家里无所事事，觉得让她去接送侯明昊能分散她的注意力，省得她想爸爸想得生病。苏凤娟恍然大悟，又不肯接受这一事实，就追了一句："他爸爸妈妈家里有事，也是原因吧？"

女儿吃吃笑了，说，那时因为侯杰怕她起疑，才让父母回家住一阵子的，"他爸和他妈，想孙子都快想疯了。"苏凤娟一听，问："你们那房子不还空着吗？"女儿不明所以地点点头。"快把侯杰的爸爸妈妈请回来。这两天我的老姐妹邀请我一起去长兴农家乐住些日子，我还想，我不能走，我走了谁管侯明昊？还有你们的晚饭。"

侯杰的爸爸妈妈很快就回来了。侯杰爸爸妈妈回来了，侯杰发现丈母娘并没有去什么农家乐，他突然明白了苏凤娟的用意，那个晚上，把老婆搂紧臂弯，感慨："我真是娶了一个极好的老婆，关键是她还有一个极好的妈妈。"苏凤娟的女儿往丈夫的怀里拱了拱，戏言："那是因为在我嫁给你之前，我和我妈把我们这辈子要吵的架，都吵完了。""便宜了我，"侯杰轻笑一声道，"俗话说，养儿防老，我如果把爸爸妈妈扔在老家，老家一定会议论，养我这样的儿子有什么用！现在好了，两家老人都在身边，我们就一起照顾了。"

这话说着简单，做起来可不容易。侯明昊高中进的是一所寄宿制学校，孩子长大了，再也不需要外婆或者爷爷奶奶接送了，而爷爷奶奶和外婆倒是时不时地需要侯明昊的爸爸妈妈去照顾一下，比如，去医院看病。苏凤娟眼看着女儿和女婿两个人要照顾三个老人实在忙不过来，又听小姐妹说，嘉定有一家非常好的养老院，便瞒着女儿女婿去那里考察了一下，询了个价。

养老院的环境真不错，绿树成荫，还临着一条河。苏凤娟问了问，如果租借一套小两室，每个月需要多少钱？工作人员回答，大约六七千。她盘算了一下自己的积蓄，再加上每月的养老金，觉得自己在这里住上十五六年没有问题，到那时，自己也快 90 岁了，还不找丈夫去？苏凤娟打定了主意。

听说苏凤娟要去养老院，女儿倒还好，侯杰一百个不同意，说："妈妈，是我这个女婿有对你不周到的地方吗？"苏凤娟赶紧解释："没有没有。我跟你，比跟我女儿还要亲哪。你们看噢，侯明昊住校了，你们白天上班，有时晚上也要加班，这个家里，白天就我一个人，孤独死了。"见侯杰想说什么，苏凤娟摆了摆手不让他说，"如果你们的爸爸还在，我们好歹是个伴，就像你的爸爸妈妈一样。人死不能复生，这么多年了，我也想通了，这就是一个人的命！而我的命，就是现在去养老院，我的那些老伙伴都在那个养老院呀。"

见说服不了苏凤娟，周末，侯杰开车，载着苏凤娟一家 4 口去了那家养老院，环境还真不错。侯杰和老婆对视了一眼，达成共识，就随了苏凤娟的心愿吧。"你随时可以回家。费用我们来。"女儿女婿告诉苏凤娟。苏凤娟一听，笑得像春风一样，说："我有钱，等我钱不够了，问你们要。"

苏凤娟不是租了小两室一厅的房子吗？女儿有空了，会留宿在那里。母女两个亲昵地说着说不完的话，两个人都觉得奇怪，怎么从前会有功夫吵架？女儿问："我不在，你一个人不寂寞？"苏凤娟大笑："这里姐妹这么多，陪我玩的人这么多，忙不过来。""忙什么，也让我知道知道啊。"打那以后，苏凤娟就会将自己养老院的活动拍了照片发在朋友圈里，女儿女婿和亲家，纷纷点赞。

现在，只有家中有事，比如侯明昊过生日了，苏凤娟

才会同意侯杰去接她回来。生日宴一结束，她都等不到第二天就催促女婿，"请送我去养老院。"

议一议

　　这个将真实事例稍加修饰的故事，已经被我说给无数人听过。说给年轻人听的目的，是要告诉他们，老一辈人的思想观念也在转变。当4个老人、2个大人、1个或2个孩子的家庭模式成为社会常态时，2个大人在抚养1个或2个小孩之余已经没有精力照顾4个老人。为长辈找一家环境、设施比较优质的养老院，实在是不错的选择。

　　不过，如果有条件，我更多的时候会将这个故事说给老年人听。"把老人送到养老院去的小辈，都是不孝敬老人的小辈"，这些观念还盘踞在一些老人的脑子里。所以，一旦有人向他们推荐养老院，他们总是非常抵触，而妖魔化养老院的一些言论，更让老人谈养老院色变。给养老院正名，是我们的社会舆论应该做的事情，比如，多讲讲苏凤娟的故事。

　　在老人中间，苏凤娟算是开了风气之先，自觉自愿地想去养老院。仔细想一想，苏凤娟为什么觉得养老院非常适合自己呢？那是因为，她从来就没有觉得，养老院是自己人生的末路。我们从她发在朋友圈里养老院的生活片段能体味到，她把养老院的生活当成了自己生活的延续，是自己精彩的晚年生活。认识正确，在养老院里的苏凤娟就会生活得有滋有味。

当养老社会化成为必然趋势时，苏凤娟无疑是老人们可以看齐的先行者。

CHAPTER 08 第八章

疑心病害死人

　　丈母娘看女婿，或者婆婆看儿媳妇，不可避免地会带上固有的看法，那是她们丰富的社会阅历给予她们的财富。假如我们用歪了社会阅历将看法变成了偏见，并偏激甚至偏执地锁定偏见，就会将家人关系变成能绞死人的死扣。

不能让她重蹈覆辙

　　秦芳想，自己在省城这地方也算是个说一不二的人物，丈夫是这个省的副省长嘛，可是，在自己女儿面前怎么就只能节节败退呢？

　　虽说膝下还有一个儿子，但是，秦芳和丈夫都更喜欢这个女儿，虽说长相随了他们夫妻的缺点，不好看，但是乖巧，又聪明，等长到 20 来岁，嘴巴甜得八面玲珑的，特别讨人喜欢。就是这么个女儿，执拗起来也是令人吃惊，在省城大学毕业后说什么也要报考千里以外一所大学的研究生。秦芳劝说女儿一样读研究生为什么不考母校？说得实惠一点，有省长父亲和她的照拂，可以躲开失败。

可是女儿说自己想去的学校在首都，将来的发展天地会更广阔一点。秦芳想想也是，就同意了。

女儿也真是争气，好像也没怎么费劲，就考上了那所学校一位著名教授的研究生。得知消息以后，秦芳非常自豪。那几天晚上后的例行散步，秦芳故意延长了时间。住在这个树木葱茏的市中心大院里的家庭，不是丈夫就是妻子在省政府有个一官半职，相互攀比已成大院里的暗流。当掌门人的官职尘埃落定得没了比较的意义后，比较哪家孩子更有出息便成了"主课"，所以，哪家孩子怎么样都在每一家家庭的账本里，他们都知道，秦芳的女儿大学就要毕业了。

果不其然，第一天还有人问秦芳，女儿工作找到了吗？从第二天开始的一个星期里，每天都有人祝贺秦芳，有一个想干嘛都能干成的好女儿。第一次听到暗地里钩心斗角得恨不能一口吞掉对方的人这么称赞自己的女儿，秦芳兴奋得脸泛潮红。她以为那是因为第一次听人这么赞扬女儿，第二次第三次就不会这样了。哪里想到，如初恋般的春心荡漾，秦芳竟延续了整整一个星期。

144

女儿离家去学校后，秦芳进入了绵长的思念期，思念到了茶饭不香的地步。见秦芳这样，丈夫说，北京又不是远在天边，想女儿了周末去一趟。有几次，秦芳都打点好了简单的行装准备去高铁站了，临时又变了主意。她不想让女儿的同学觉得她是个长不大的孩子。去不成北京，秦芳的思念就更千丝万缕了，儿子故意吃醋道："要不，我跟姐姐换换？"秦芳不好意思地拍拍儿子的肩膀。

随着时间的流逝，思念慢慢淡了，就在女儿远在千里之外已经成为秦芳的生活常态时，发生了一件大事。

一天晚上，忙碌完一天的秦芳到底没有把更加忙碌的丈夫等回家，就打算睡觉，电话铃炸响起来。有那样身份的丈夫，家里的电话繁多也是常事，秦芳漫不经心地拎起电话想三言两语打发掉就去睡觉。没有想到，电话是女儿打过来的。秦芳当然高兴，可是等到女儿告诉她为什么要打这个电话后，秦芳的心里顿时像开了杂货铺，五味杂陈。女儿说她要结婚，秦芳的脑子飞快算了一下，倏忽之间女儿已经25岁，要说结婚嘛也是可以的。但也不能说结婚就结婚吧？没听说你恋爱，你也从来没有把对象带回来给我们看看，就结婚？深知女儿脾气的秦芳，知道自己如果跟女儿顶真，下一秒钟女儿就很有可能挂了电话。秦芳只有试探着问女儿："跟谁结婚？"女儿叽里咕噜说了一气，秦芳愣是没有听清楚，急了："什么人？那么稀奇古怪的名字。"女儿又含混了一会儿，告诉秦芳："是一个日本人。"这会儿秦芳听清楚了，不接女儿的话茬是因为她不知所措了。女儿急了，在电话那头嚷嚷："妈妈，您怎么不说话？"秦芳赶紧告诉女儿别忙着做决定，就慌慌张张地挂了电话。

跟丈夫达成共识后，第二天，秦芳就飞到了女儿身边。见到朝自己飞奔而来的女儿，秦芳隐约觉得女儿变了，可是，变化在哪里，秦芳一时还真说不上来。等到女儿来到身边，秦芳像女儿从来没有离开过她一样，抬手捋捋女儿的一头长发。女儿羞涩地对秦芳说："晚上我们一起吃饭吧。"

秦芳想说还没有跟你聊过呢，怎么就去见那个人了？"我还是……"

女儿打断她："他明天就要回日本办一件很重要的

事情。"

也只能这样了。

晚上，秦芳和女儿一起来到一家日式料理店，一个男人已经端坐在临窗的一张餐桌旁静静地等待着。老实说，这日本男人很受看，没有惯常日本男人的矮身材和小眼睛。整个吃饭过程，那男人一直彬彬有礼地照顾她和女儿，特别是他看女儿的眼神，有着像潭水一样深的情意。

只是，那男人的中文不太好，女儿的日文也不够好，交流起来疙疙瘩瘩的。就这种状态也能做夫妻？所以，等回到女儿的住处，秦芳问："还有没有改变的可能？"

女儿羞赧地低下头。

秦芳明白了女儿的变化在哪里。忍着忍着，临回家时秦芳还是对女儿说："但愿你没有把终身大事当儿戏。"

一语成谶，一年以后，女儿和日本女婿离婚。从电话里听女儿宣布这个消息时，秦芳庆幸幸亏他们没有孩子。

又过两年，已经留校教书的女儿像往常一样回家过寒假，同往常不一样的是，这回她带回来一个人，一个男人。

秦芳虽疑惑，但还是把他想成女儿的同事，趁寒假随女儿来他们这个古城玩玩。可她在厨房准备晚饭的时候，女儿蹭进来贴近她耳朵告诉她那人是她的男朋友，他们准备结婚。一下子，气血全都冲进秦芳的脑子。她忍了忍，但饭后她坚持家里住不了，让儿子陪着女儿的男朋友去了省委招待所。

秦芳把忙于公务的丈夫揪到了客厅，然后问女儿："他是怎么回事？"女儿说他是她的男朋友，一家出版社的编辑，虽然比自己大了10多岁，但有才华！秦芳一下子炸了："你一个响当当的硕士，怎么就看上了这么个大你这么多的男人？有才华，不就是个本科生吗？告诉你，姑娘，你已经结错了一次婚，我和你爸爸决不允许你跟那个人结婚。"

按照秦芳的心思，她要把女儿"羁押"在身边，可是女儿有工作，年一过，秦芳无可奈何地把女儿送走了。谁知道女儿这一走就是一年多，一年多以后又突然告诉秦芳她生了个小宝宝，气得秦芳一个电话拨到女儿的手机上："我买了机票就过来，过来之前你把那男人从你的家里撵走，你们离婚，孩子也让他带走！"飞机在离开地面 6000 公里的高空中航行，已经被女儿的事气得两天没好好睡觉的秦芳打算小寐一会儿，却睡不着。她得以自省：要女儿离婚，是不是太狠了？可是，女儿已经在婚姻上失败过一次，把最好的年华浪费掉了，怎么能让她把一生都挥霍在错误的婚姻上？不能让她重蹈覆辙了。想到这里，秦芳觉得自己飞这一趟，真是太应该了。

议一议

故事的走向是，一见到外孙，秦芳就将"你们离婚，孩子让他带走"的话收回去一半，因为那个见人就笑的宝宝太可爱了。但是，那个男人被秦芳毫无商量余地地赶了出去，秦芳才不管他是孩子的爸爸。

与其说秦芳对女儿婚事的干涉有些武断，不如说秦芳的女儿在结婚这件事上有些随心所欲。试想，假如没有与日本人的那段短婚姻，秦芳对她的第二次婚姻能有这么激烈的情绪吗？

不过，对女儿再结婚这件事持这么暴力的态度，更主

要的原因是秦芳对这个她虽不同意但已经既成女婿的男人不满意。之所以不满意，是疑心病在秦芳的心里发酵着。

一个比女儿大了10多岁的男人，他的感情史会干干净净？说不定离过婚都未可知，女儿连老老实实的日本女婿都拴不住，在以后的婚姻生活中，她怎么能是这个男人的对手？

一个学历比女儿差一截的男人，怎么好意思做女儿的丈夫？男强女弱，不是中国家庭的规定模式吗？女儿年轻不懂，一个近40岁的男人非要选学历比他高的女人做老婆，他怎么好意思？！

在市政府大院里与他人比了半辈子的秦芳，错误地将婚姻关系设想成了赛场，什么感情世界是不是干净，什么男人的学历没有女儿高，等等。殊不知，婚姻是用来过幸福日子的，而不是用来比赛的。就算40岁的男人有过丰富的感情生活，只要他悬崖勒马视秦芳的女儿为最佳的生活伴侣，他们两个结成的婚姻就是最好的婚姻，而学历孰高孰低，真不是婚姻杀手。

就目前的情况来看，秦芳女儿婚姻的杀手是秦芳。所以，秦芳应该尽快从女儿的家庭生活中撤退，回到自己的家里与丈夫、儿子好好生活，不要在乎院子里的人说三道四。

疑心院子里的人会不屑女儿的两次婚姻，加码了秦芳对女儿第二次婚姻的反应，疑心病害死人，此话不为过。

她很美，你怕什么？

蒋阿姨的每一天，从清晨 6 点钟开始。

6 点钟，闹钟一响，蒋阿姨就起床。每天 6 点钟起床，从 3 年前儿子结婚开始的。3 年来，天天如此，蒋阿姨已经不需要闹钟也能准时醒来。儿子不止一次对蒋阿姨说："妈妈，双休日你不必那么早起床嘛。"蒋阿姨眼睛一翻，心里对儿子说：你那漂亮老婆就不能对我说上这么一句漂亮话吗？

6 点钟起床以后，蒋阿姨会用电饭煲焖上一锅粥，然后去离家步行 8 分钟距离的长寿绿地打太极拳。每天早上，长寿绿地里通常聚集着一群又一群老年人，他们有的跳广场舞，有的跳交谊舞，有的舞剑，有的大合唱。蒋阿姨看不起跳广场舞的，看不惯跳交谊舞的，大合唱？蒋阿姨觉得自己没那嗓子；舞剑嘛，一个女人，弄把剑凭空挥来挥去，也不太好，她选择了打太极拳。

今天，蒋阿姨走向太极拳区域的时候，远远看到伙伴们并没有像往常那样站好队形，而是男的围成一小圈头碰头说着什么，女的呢，围着丁阿姨。蒋阿姨再仔细一看，丁阿姨在抹眼泪。蒋阿姨的心脏像是被谁托了一把似的，有些难受。蒋阿姨知道，丁阿姨的儿子与一个外来妹结了婚。丁阿姨家条件不好，她老公与丁阿姨结婚后的第二年，就休了长病假，现在也算是退休工人了，拿到手的退休金没有多少。丁阿姨的儿子呢，被丁阿姨宠坏了，读书时书读得一塌糊涂，该上班了，工资高的单位不要他，要他的地方他又嫌工作太苦、收入太少，丁家实际上就靠丁阿姨一个人的退休工资过日子。不然，他们家怎么会同意儿子娶一个外来妹？外来妹果然娶不得，好几个月前，就听打太极拳的伙伴议论，丁阿姨的儿子媳妇像是要离婚，今天丁阿姨当众抹泪，是不是小两口真的离婚了？蒋阿姨三步并作两步地走上前去。果然，更让蒋阿姨心惊肉跳的，是法院判丁家要把房子分一半给外来妹。丁家就丁阿姨的公婆留下来的一套两室户的房子，这下好了，丁家只好将本来就不大的房子一分为二了。

被丁阿姨这么一哭天抹泪，今天的太极拳是打不成了，大家很快就散了。蒋阿姨不想回去，拣了一张桂花树下的长凳子坐下来，发了条微信给儿子：粥在电饭煲里，你们自己从冰箱里找两个肉包子出来用微波炉热热，妈妈有点事。

发给儿子的微信，蒋阿姨用了"你们"这个人称代词。本来就是你们嘛，是儿子和媳妇，他们去年秋天结的婚。

女儿8岁、儿子6岁的时候，蒋阿姨的男人有了外遇。被蒋阿姨逮个正着后，男人倒想迷途知返的，但蒋阿姨不同意。回头想想，那时多少人劝她放男人一马："你想，他有把柄在你手里，这个家以后还不是你说了算？再说了，一个女人带着孩子，日子难过。"蒋阿姨冷哼一声，不说话。她怕自己一开口把好心人都给得罪了，自己落得个孤家寡人。她想说的是，她就是要让那个该死的男人看一看，离了他她蒋爱珍能不能活下去，所以，原本可以协议离婚的，因为蒋阿姨坚持要两个孩子的抚养权，上了法庭。该死的法庭啊，把女儿判给了那个男人，男人后来去了美国，把女儿也带走了，如今在异国他乡不知道生活得怎么样。

女儿的长相继承了爸爸和妈妈的优点，而儿子呢，恰好相反。当一家人其乐融融的时候，蒋阿姨和那个男人带着一双儿女外出，儿女们总是被人称赞，会长。等到女儿一去不回头后，蒋阿姨为儿子的长相深感郁闷：身高超过一米九十，瘦得……前几天问过媳妇，好像还是不到 80 公斤。竹竿一样的男人，短脸，肉鼻子，阔嘴巴，幸亏眼睛还大得有神。这样的五官搭配在一起，一个字：丑。蒋阿姨觉得，就是这副长相耽误了儿子找对象。

但是，儿子的女朋友说有就有了，那是前年春天的事了。蒋阿姨记得清清楚楚，那天白天跟打太极拳的老伙伴去顾村公园看了樱花，又去逛了一下 Shoppingmall，回到家里已是傍晚。蒋阿姨觉得有些累，也就不打算出门买菜了。她在冰箱里搜罗了一下，有一包青菜、半袋粤式香肠，就煮了一锅菜饭，蒸了一个鸡蛋羹，想就这样把两个人的晚饭对付掉算了。鸡蛋羹好了，菜饭还在锅里焖着，蒋阿姨觉得真累，就斜在客厅的沙发上睡着了。她是被儿子摇醒的，一睁眼，看见儿子身后站着一个姑娘。她觉得自己想要儿子结婚的念头在脑子里转了太久，出现幻觉了，就使劲揉了揉眼睛，嗨，儿子的身后真站着个姑娘！蒋阿姨慌里慌张地起身跟姑娘打招呼，人家姑娘笑眯眯地冲着蒋阿姨喊："阿姨好！"便去看身边的儿子。儿子噢了一声，道："同事。我们一起在附近办事，我告诉她我妈妈做的家常菜可好吃了，她想吃，我就把她带来了。"蒋阿姨一听，嘴里说着欢迎欢迎，表情却是尴尬的："你事先不说。我烧了一锅菜饭，怎么请人家姑娘吃？"这是儿子没有料到的，挠起了头皮。就在这时，母子两个听到姑娘说："菜饭好，阿姨，我就是喜欢吃菜饭。"这么会说话的姑娘！蒋阿姨眉开眼笑地招呼姑娘去厨房。对，蒋阿姨和儿子两个人的饭桌就安放在厨房里，只有来了客人，蒋阿姨才会把客厅里的折叠餐桌展开。姑娘不是客人吗？是的，可是那一次蒋阿姨昏了头一样就这么毫不设防地将姑娘带进了厨房。厨房面积不大，坐下以后离得近，蒋阿姨看见，姑娘长得非常好看。她心想，儿子能找到这样一个姑娘，就好了。瞬间，蒋阿姨又否定了自己的想法，觉得这么好看的姑娘要是嫁给了自己那种长相的儿子，一定心有所图。这样的主意在心里一翻滚，蒋阿姨开始悄悄打量起两个人说话的神情，一顿饭的功夫，蒋阿姨放心了。也是，人家这么好看的姑娘，怎么能看得上自己的儿子？

老马也有失蹄的时候，那姑娘还真的成了儿子的女朋友。蒋阿姨曾经暗中阻挠过，不过，她心里清楚，那是螳臂当车。等到姑娘在安徽的父母来上海见过蒋阿姨这门亲事算是定了以后，见大势已去蒋阿姨曾经半开玩笑半当真地问过儿子："那次你带小戴回来吃菜饭，就是让我看看中意不中意的吧？"儿子哪肯承认？说，小戴是吃了你做的饭后，开始追我的。

"追你？"蒋阿姨笑着摇摇头，心想，你把如花似玉的小戴看住了，就算你本事大。

单身妈妈能够将儿子培养成名牌大学的毕业生，对蒋

阿姨来说已经不易，再要她拿出钱来给儿子买婚房，是不可能的。"小戴啊，阿姨只好委屈你了。你看我们家这套房子，小是小了一点，不过，给你们做婚房的那间，也有 16 平方米了。就是，人家小夫妻都愿意独立生活……"小戴没让蒋阿姨把话说完，说道："阿姨，我能遇到小蒋，小蒋又能给我一个家，我已经很幸运了，怎么是委屈呢？阿姨，我跟小蒋商量好了，我们俩就把小蒋的房间收拾收拾当新房了，您不要动。""哎呀，那怎么能行？人家要说我这个当婆婆的……"儿子一拉蒋阿姨的衣袖，这事儿就算这么定了。

事儿定了以后，蒋阿姨有些内疚呢。这件事，连儿子都没有告诉，花心的前夫为了要走女儿的抚养权，给过蒋阿姨一大笔钱。拿到钱后，蒋阿姨生怕货币贬值到儿子结婚时这笔钱已不是钱，就在同一个小区买了一套比自己住的小一点点的两室一厅的房子。货币果然贬值了，但蒋阿姨买的房子，房价却飙升了不少，卖掉给儿子付买一套新房的首付，应该绰绰有余。儿子结婚后的这一年里，见小戴待她待儿子确实不错，有好几次，蒋阿姨差一点就把家里还有一套房子的事说给小夫妻听了。

今天，被丁家的事情一刺激，蒋阿姨一下一下地抚着胸口：幸亏自己嘴巴紧啊。蒋阿姨起身回家，慢慢悠悠地走着，就是不想碰到出门上班的儿子和媳妇。可还是在小区门口碰上了，小两口亲亲热热地叫了她一声妈。都相背着走出去好几步了，媳妇回转身来搂住蒋阿姨的肩头悄声问道："是不是跟杨伯伯聊天聊到了现在?""去!"蒋阿姨拂掉媳妇搭在她肩头的手。媳妇咯咯笑着指着她的脸回身去追儿子，蒋阿姨手掌猛搓自己有些发烫的脸，感叹：这姑娘长得实在太好看了。唉，她好看，我怎么就这么害怕呢?

议一议

改革开放以来，上海已经变成了海纳百川的大都市，而不是 1978 年以前没有户口就没有办法栖身的上海，远到远隔重洋的美国，都有人在上海安家落户，更不要说全国各地的有志青年了。他们通过各种途径来到上海，留在上海，为上海的建设添砖加瓦，也被上海渐渐认可，成为新上海人。

　　成为新上海人的途径，也是各种各样，其中一条就是通过婚姻。像故事中发生在丁阿姨家的事情，绝不是孤例，但也不能因此得出结论，说什么凡是愿意嫁给上海人的新上海人都图谋不轨。其实，大多数新上海人都是为了爱情，才愿意走进上海人的家庭做媳妇、做女婿的。

　　蒋阿姨的儿子结婚才一年有余，蒋阿姨就陷入这样的忧患中，真叫人为她担忧。我们担忧，是因为她这样的情绪早早晚晚会掩饰不住流露出来，渗透进原本很温馨的家庭气氛中。试想，摸到婆婆这样想法的小戴，怎么会依然如故地跟蒋阿姨那么亲热？

　　我们担忧，是因为她糟糕的情绪会影响小夫妻的感情。得知婆婆就因为自己长得漂亮就无缘无故地怀疑自己，小戴要是不开心了，也是情有可原。假如小戴要到小蒋那里去讨个说法，你叫小蒋怎么办好？

　　蒋阿姨的疑心病，主要还是源自她自己失败的婚姻。前夫的出轨大大伤害了她，让她觉得婚姻是一种没有安全感的亲密关系。殊不知，天底下绝大多数婚姻关系都是忠诚可靠的。蒋阿姨如果不放弃愚蠢的怀疑心，我们觉得，她非但可能拆散儿子与儿媳妇，自己也会深受其害，所谓，疑心病害死人！

不要去预设坏事总会发生。即便是坏事，只要当事人共同努力，坏事也能变成好事，我们又何必为本不存在的坏事担惊受怕呢？

TA YU JIA

与其生闷气不如相互交流沟通

　　隔阂，《现代汉语词典》第 7 版这样解释：指彼此情意沟通的障碍或是情意不通。这么多家庭里的婆媳关系出现隔阂，原因就在于沟通不畅从而产生情意不通。而婆婆和儿媳妇之所以难以坦诚相见，恐怕受到了一种民间说法的暗示，那便是婆婆和儿媳妇是一对天敌。

故事 *1*

假装不知道

　　昨天，秦玉华对丈夫说："明天儿子、儿媳妇带着我们的小孙女回来，你无论如何不要出门了。"丈夫表现得还不错，一大早就陪她上菜场。才进菜场，秦玉华一眼就相中了闪着银色光泽的带鱼，儿子最喜欢吃酒酿红烧带鱼了。她挑了几条中等大小的正打算让小贩过秤，丈夫一把拽开秦玉华，让小贩给他拿最大的，还说："你就是这样没出息，我们不是从前没钱的时候了，吃几条带鱼还要挑小的。"秦玉华争辩道："做酒酿红烧带鱼就要这种不大不小的，煎得透。"丈夫不屑地看看秦玉华，这眼神叫秦玉华很不高兴，心想：你喜欢你的，买什么样的鱼还得听我的，因为鱼买回家后还得我来烧！结果，同每一次一块儿出去买东西的结局一样，两个人不欢而散。嘴上说根本不会去在乎这个脾气越来越古怪的丈夫，可他前脚走，秦玉华就担心起来，怕他不回家。假如丈夫闹起别扭不马上回家，一会儿儿子他们来了问起爸爸呢，她该怎么说？当然，秦玉华可以随便撒一个谎，比如说他去听评弹了。儿子傻呵呵的容易搪塞，媳妇就不那么容易骗了，她那一双贼溜溜的眼睛看过来，秦玉华还真有些心虚。这心一虚，脚步也虚了，秦玉华急匆匆地买了牛肉、冬瓜、蚕豆和鸡毛菜，就回家了。

快到家时，听到蒋月泉的"蒋调"破门而出，传入秦玉华的耳朵，秦玉华提着的心放了下来。她把心境调整到高兴那里，按响了门铃。见来开门的丈夫还虎着一张脸，等门关上了，秦玉华幽默地说："我真是一只戆大（傻瓜）。买了大带鱼，好吃不说，今天的50多元买菜钱也不用我出了。"听秦玉华这么一说，丈夫好歹让笑容浮上了面孔，还问秦玉华："要不要我帮着弄菜？""不用，不用，听你的《林冲》去吧，你今天不要出去就行了。"丈夫挠挠头皮："可是，有一张规划图我还没有弄完……"秦玉华把脸一沉，丈夫马上讨饶："不要急嘛，我明天再去弄好了。"秦玉华嗔怪地看了丈夫一眼，关上厨房门忙碌起来。

牛肉放在高压锅里煮起来，这边油锅已经热了，听着一块块带鱼在油锅里哧啦哧啦乱叫，秦玉华心花怒放，她仿佛已经看见儿子吃着酒酿红烧带鱼时露出的心满意足的表情。真是的，他们怎么还不来？秦玉华伸出脑袋喊了一嗓子："你打个电话给儿子，什么时候能到？"一会儿，丈夫推门进了厨房："已经在路上了，快到了。"他吸了吸鼻子："你的心里只有儿子啊，儿子他们不来你什么时候烧过这么好吃的菜给我吃吃！"秦玉华白了丈夫一眼："你也好意思说这话，你一个礼拜在家吃几顿饭哪。"听秦玉华这么一说，丈夫一溜烟出了厨房。

门铃响了，秦玉华关掉煤气一个箭步冲出厨房，小孙女蹦蹦跳跳蹿到她跟前："奶奶！"叫得又脆又亮。秦玉华一弯腰抱起孙女："弥弥，想奶奶了吗？""想！""哪里想啊？"小孙女小拳头一捶脑袋："这里。"秦玉华欢喜得狠狠亲了弥弥一下，再回到厨房。秦玉华想，为了这个可爱的小东西，吃力也好，委屈也好，都是值的。"吃饭！"秦玉华快乐地宣布，一个星期就这么一天，这套大房子里的餐厅才有人气。一顿饭的功夫，4个大人、1个小孩谁也不谦让地说呀说呀，有时候竟有几种声音在空气中碰撞，显得那么无序，不，不是无序，是热闹！可惜的是，一个星期中也就这么一天是热闹的。吃着吃着，儿子突然对秦玉华说："今天下午我们就要走。""为什么？"秦玉华急忙问。"我们一个同学今天结婚，我们要去参加婚礼。"秦玉华也不能说什么，但再吃什么，胃那里钝钝的疼，不舒服。

儿子一家还没有走呢，丈夫那边接了个手机就要走，说是那份没有完成的规划图客户急着要了。

丈夫走后，儿媳妇让儿子陪弥弥睡个午觉，偌大的客厅里就剩下秦玉华和媳妇两个人了。电视里正在重播琼瑶剧《还珠格格》，这样的东西，秦玉华是不放在眼里的，想来在报社当编辑的儿媳妇也不会喜欢这种东西，那么，就心照不宣地装模作样吧。儿媳妇到底年轻，发问了："妈，我爸爸打扮得山清水绿的，是到哪里去呀？"秦玉华回答："你不是也听见了吗？要去完成一份规划图。"停了一会儿，儿媳妇又感叹："爸爸真是越老越潇洒了，看他今天打扮得足足年轻了 10 来岁。"秦玉华稳住阵脚，对答："那套西装好看吧，我上次逛淮海路，正好遇上 BOSS 打折，我就给你爸爸买了一套，快 5000 呢！""怕什么的，爸爸退休返聘了，干的又是技术活儿，一个月还挣不回一套西装钱？""他要是能把挣到的钱给我，就好了。可他每个月只给我他的退休工资。"话一出口，秦玉华就知道说错了，再看儿媳妇，诡秘的笑容浮在她的脸上。秦玉华故意装作漫不经心的口吻补充道："当然是够我花的，我一个退休在家的老太太，一个月能花掉 5000 多元？"正在这时，弥弥蹦蹦跳跳地过来了，紧接着儿子也过来了，招呼了媳妇打算走。走到门口，儿子有些歉然地对秦玉华说："妈，那我们走了？""走吧。"秦玉华控制不住地有些哽咽。

秦玉华坐回沙发，看见电视里那个疯疯傻傻的小燕子在那里咋咋呼呼的，她一生气关了电视。关了电视，她还是气呼呼的，气自己在儿媳妇面前到底露了怯，把底在儿媳妇面前露出一个角。

是的，丈夫打扮得整整齐齐的，不是去完成什么规划图，而是去会那个女人。在没有见到那个女人前，秦玉华像所有怨妇一样管那个女人叫妖精。一天晚上，吃罢晚饭的丈夫借故要出门，秦玉华吃准丈夫是去会那个妖精的，丈夫前脚出门秦玉华草草收拾了一下自己就跟了去。秦玉华怕自己跟不住，还好，丈夫走得不很远，就在离家不远的书场听评弹。丈夫到时，那个妖精已经在门口等候了。秦玉华犹豫了一下，等到他们进场子后，她也买了票，远远地看丈夫的这个新欢，虽不好看，都到了这种年龄，还有好看的？但是，一股书卷气把这个女人修饰得颇为雅致，秦玉华再形容她，"妖精"二字都说不出口了。更要命的是，听着听着评弹，那女人从手提袋里拿出一个食品袋，里面装着削了皮切成一小块一小块的砀山梨。秦玉华知道丈夫就好这一口粗粝的砀山梨，她从来没为丈夫削过一个砀山梨，而且每一次丈夫说起要吃砀山梨，秦玉华只有嘲笑他：这么难吃的东西你怎么能甘之若饴？再看见那个女人将梨一块块地填入丈夫的嘴巴，秦玉华实在看不下去了。回到家里坐定在客厅里，秦玉华酝酿起待会儿丈夫回家了怎么跟他理论。酝酿来酝酿去，那个女人的模样在自己脑子里越来越清晰，她想自己已经竞争不过那个女人了，跟丈夫理论的结果会不会是丈夫从前老是挂在嘴边的两个字"离婚"？秦玉华的气渐渐地消了。就当是赎罪了，谁让我年轻时对丈夫那么蛮横？谁让我没有把这个自己最应该照顾好的男人照顾好呢？秦玉华这么想：到了这把年纪了真要闹起离婚来，让儿子还怎么做人？那就——假装不知道吧。可是，儿媳妇好像已经嗅到了蛛丝马迹，不知道还能假装下去吗？

这以后，一直盼望着儿子一家回家的秦玉华，变得非常害怕他们回来了。突然感觉到妈妈不像以前那样动不动就让他们回家，已是一个多月后的事了。秦玉华的儿子感慨："我妈最近是怎么了？也不叫我们回去。"秦玉华的儿媳妇迟疑了一下，问丈夫："你是真没感觉出来你爸爸妈妈之间有什么问题？"秦玉华的儿子丈二和尚摸不着头脑地看着老婆，秦玉华的儿媳妇就一五一十地把自己的怀疑告诉了丈夫。起先，秦玉华的儿子说什么也不相信老婆的猜测。秦玉华的儿媳妇急了："爱信不信！我担心的是，一旦你爸爸闹着要离婚，我们就惨了。本来就两个人要照顾两家老人，好嘛，以后要照顾三家了。"秦玉华的儿子一听，慌了，问老婆："怎么办？"老婆期期艾艾地说：

"我说了，不算冒犯？"见丈夫还是一脸懵懂，秦玉华媳妇说："你妈妈对你爸爸是不够体贴。我觉得你爸爸也不至于另起炉灶，只是想要一点异性的温暖。所以，只要你妈妈肯跟我敞开心扉，问题就能解决。"秦玉华的儿子拍拍老婆："不愧为心理咨询师，这事儿就靠你了。"老婆拽住丈夫的手，说道："这事儿还真靠不了我一个人，你得先去铺垫，让你妈妈接受我是她的亲人。""哎呀，我们女儿都那么大了，还没有把你当家人？"老婆的食指抵着丈夫的额头："仔细想想，要用脑子想，不是屁股。"秦玉华的儿子被老婆逗笑了，频频点头。

差不多用了两个多月的时间，秦玉华的儿子终于让秦玉华相信，她的儿媳妇、他的老婆是真心实意地想要让这个家的日子过得红红火火，秦玉华顺理成章地也就肯承认自己跟丈夫之间有了问题。接下来该怎么办呢？

议一议

以下就是秦玉华儿媳妇给秦玉华开的良方，以及秦玉华采纳以后的做法。

儿媳妇说，首先你要示弱，让爸爸感觉你的生活里缺不了他。

那以后，再去菜场或超市，秦玉华必定叫上丈夫，让他拿主意，听他的主意……

儿媳妇说，其次你不要独霸厨房，也让爸爸主厨几次，让他觉得家里缺不了他。记住，菜做得再难吃，也不许批评，表扬为主，还要假装吃得津津有味。

秦玉华笑着敲了一下媳妇的脑袋，照着做了。

儿媳妇说，第三……

婆媳之间就这么来来回回地沟通着，秦玉华觉得与丈夫的关系正在修复的同时，与儿媳妇的关系也大大改善了。与儿媳妇的关系一改善，秦玉华发现儿子回家也比以前快乐了许多。

秦玉华体会到了，与其相信什么婆媳是天敌这样的鬼话去提防儿媳妇，不如跟她敞开心扉交流沟通。就算是一对天敌，也架不住真心以待嘛。

让婆婆自己选择

　　管秀芳奋力读书从小镇考上省城那一所全国著名的大学以后，就立志将来要到大都市去。她不希望自己的孩子像自己一样，从小镇起步自己的人生。

　　大学4年，管秀芳的学习像她以前一样出色。学院暗示她，她完全可以保研。管秀芳思来想去，放弃了保研的机会，一是因为家里的经济条件不允许她继续深造，一是因为将来留校教书的那点工资对她没有吸引力。管秀芳接受了大上海一家外资银行的录用通知。

　　谁都以为，凭借管秀芳的姿色，她会在行业里遇到一位郎君。如果成功，管秀芳少女时的愿望也就达成了。

管秀芳的人生，在一次更换手机时拐了一个大弯。

管秀芳上班的地方，在一栋商务楼的 21 层，1 楼有他们银行的营业大厅，大厅隔壁是一家电子商城。那天午饭以后，昨天追剧追得太晚错过了最佳睡眠时间而一夜无眠，这会儿管秀芳有些眼皮打架。这种时候，去营业厅做些不必太费脑子的事情最合适。电梯到了 1 楼，是不认识的人把她推醒的。管秀芳心想，以后不能这么任性地追剧了。

进了营业大厅，管秀芳脚底下一滑，身体失去了平衡。她不想自己摔得狼狈不堪，便去扶能扶到的东西，握在手里的手机"啪"地掉在了地上，碎了屏。碎了屏的手机虽不影响使用，但管秀芳看着难受。等到营业厅里的事情交代完毕，就拐到隔壁电子商城去换屏。

管秀芳所用手机品牌的旗舰店里，店长接过管秀芳的手机看了看，说道："这么老的款，换屏还有什么意思？"管秀芳知道，这是他的营销手段，就咬紧嘴唇不吭声。店长咧嘴一笑，笑得小眼眯成了缝，对管秀芳说："你换手机，改天我去你们银行买理财产品。"

管秀芳哈哈大笑起来，说："我不是怕换了手机倒腾那些软件麻烦嘛。"店长又是一咧嘴小眼一眯，"如果你确认要换手机，余下的事情我包办了。"管秀芳等不及，店长让她下班后再来，他等她。下班后，管秀芳果然又去找店长。手机换好，店长问管秀芳："我明天去营业厅找你，你在吗？"管秀芳一愣，问："找我干什么？""咦，不是说好的吗？你买手机，我买你的理财产品。"哈哈哈哈，管秀芳一阵大笑，告诉店长，自己没有指标，他不必去买理财产品。管秀芳看见店长做了个"O"的嘴型，脸上的颜色暗了暗。

当管秀芳被同事们发现正在与隔壁电子商城卖手机的小伙子谈恋爱时，都非常吃惊。能不吃惊吗？管秀芳的业务能力很被行领导看好，她在银行的职位上升只是时间问题。而小伙子呢？卖个手机还能卖出什么花头来？但是，爱情的力量可以强大到连牛顿的经典物理学都计算不出到底有多大。你看，管秀芳的父母听说女儿找了一个卖手机的，特意从小镇星夜赶到上海，想要阻止。当妈妈的一看女儿犟得十驾马车都拉不回来，只好使出最后一招：就地撒泼打滚。当妈妈的不知道，与女儿分别的这么多年里，也拉远了与女儿之间的各种距离。她这一来，更坚定了管秀芳要嫁给卖手机的决心。

没有爸爸妈妈祝福的婚礼，是在一年后举行的。来参加婚礼的小刘的妈妈——对，手机店的店长姓刘——对管秀芳说，儿子没成家时，跟闺女过没啥。现在儿子成家了，又是在大上海，她再回老家，要被老家人戳脊梁骨。这是管秀芳没有想到的，嫁一个男人顺便也嫁给了男人的妈妈。

管秀芳心宽，安慰自己：有了家就有柴米油盐酱醋茶开门七件事，自己银行里的工作忙得一塌糊涂，哪里有功夫打理这些？小刘妈妈能住下来，不是正好吗？因为婆婆要来常住，原本打算买一套小两室房子的计划不得不改变，至少买一套大两室吧？跟小刘商量，小刘清楚，买房子这件事谁拿钱多就听谁的，就回答道：你说了算。从这儿开始，小刘和管秀芳的家，凡事都由管秀芳说了算。时间一长，婆婆看出来了，自己不是住到儿子家里而是住到了儿媳妇家里，这让她很不舒服，就跟小刘嘀咕。一次两次，小刘不理睬妈妈；十次二十次，小刘被妈妈说烦了，就把话跟妈妈说清楚："管秀芳一个月的工资是 2 万多，而我，1 万都拿不到。"小刘妈妈嘴瘪了瘪，外强中干道："在我们老家，女人挣多少钱都是男人的。"小刘生气了，回妈妈："如果女人一生气要跟男人离婚呢？"小刘妈妈眼睛朝天空翻了翻，那样的话，自己就要从这里滚出去回老家了。老太太哑哑嘴巴：这里的日子要比老家好过多了。从此以后，她不再操心他们小两口的事，儿媳妇让到左绝不到右。

管秀芳觉得不对劲了，就去问小刘。小刘不想说，管秀芳急了："为了你，我爸爸妈妈都不要我了，我把你妈妈当自己妈妈，你不能让我蒙在鼓里。"小刘没有办法，只好将与妈妈斗争的过程一五一十还原给妻子听，听得管秀芳乐不可支，说："家里能有什么大事？这样，从现在开始我每月交钱给你，家里的事由你说了算。"小刘一听，头一下子大了。虽然夫妻两个一个月工资加起来有 3 万多，但大部分都还了房贷，穷家有什么好当的？小夫妻两个人推来推去的，突然，管秀芳想出一个好办法：让婆婆当家。这样的决定，让这个三口之家非常和美。

甩脱了家务杂事，管秀芳更专注地投入到工作中，没过几年，就有风声说她将要被任命为一家支行的行长。管秀芳心想，到了支行独当一面，要孩子就更不可能了，索性跟领导说，给她一年时间生个小孩，回来后她会全力以赴管理那家支行。话说到这个地步，领导也就开明地同意了。

管秀芳给刘家生了一个大胖小子，把老太太乐得合不拢嘴。儿媳妇跟她商量，产假满了就要回去上班，孩子只能由她主管，再帮她请个阿姨。老太太说："要什么阿姨！小刘和他姐姐，不都是我一个人弄大的。"这一回，管秀芳没有听任婆婆的选择，她怕婆婆一个人顾不过来摔着磕着儿子，她还怕婆婆累出病来。她已经非常喜欢家庭处在如此平衡的状态下。

平衡还是被打破了，那是儿子上小学三年级的时候，婆婆被查出得了卵巢癌。与媳妇在一个屋檐下生活了10来年，小刘的妈妈已经把大度的管秀芳当成了自己的女

儿，就对管秀芳说："你和小刘工作都忙得脚不沾地，我可不能给你们添麻烦。好在小的已经 10 来岁，可以自己去学校。我也不想开刀治疗了，他爸爸就是开刀死在手术台上的。我回老家，你们每个月给我生活费就可以了。"管秀芳一听，急了。她当然知道，婆婆的选择对她、对这个家是最有益的，可是婆婆帮你把孩子带大了，现在生病了，你就把人家一脚踢回老家，还是个人吗？好在房贷已还得差不多了，小刘也成了手机直营店的大区负责人，管秀芳的挣钱压力不像从前那么大了，就跟丈夫商量，自己暂停工作一段时间，让婆婆安心治病。

夫妻两个达成共识后，管秀芳对婆婆宣布："回老家养病还是留在上海治病，这件事我们替您选择了。但是，接下来的治疗，您听了医生的建议后，自己做选择。"对妇女来说，卵巢癌很可怕，但对一个绝育多年的女性来说，就不是什么不可根治的恶疾了。管秀芳的婆婆在医生的建议下做了手术，经过半年的调理，又像从前那样精神了。见婆婆恢复得这么好，被多家猎头公司追逐的管秀芳决定重出江湖，就跟婆婆商量。心情舒畅的婆婆竟然会开玩笑了，她笑着对管秀芳说："我的选择是，支持你上班去。家里的事你就不用操心了，有我呢。"

议一议

特别要点赞第二个故事中的管秀芳。首先是她不因为世俗的偏见而误解爱情的真谛，嫁给了当年社会地位远不及她的小刘；其次，不因为婆婆是个摘桃子的人就拒绝婆婆在他们新婚燕尔的时候"渗透"进她和小刘的二人世界；第三，是在与婆婆共同生活的 10 多年里，用坦诚的感情打动了婆婆，从而使一对天敌变成了一对心意相通的婆媳。

我们看到，康复后的婆婆将管秀芳主导的小家管理得井井有条。是的，那个小家，管秀芳用每月上交生活费的方式让婆婆成了表面上的主宰，貌似家庭事务样样由婆婆说了算。我们不得不说，管秀芳聪明地把银行里的管理手段移用到了家里，这样的模式避免了自己被繁重的家务劳动所羁绊，也让愿意管家的婆婆心满意足。

而秦玉华的故事则更点明本章的主题：就算是一对天

敌，只要我们肯坦诚以对地积极沟通，也能变成无话不说的好友。秦玉华遇到的烦心事，还真不好对旁人说。一旦秦玉华拆掉心里的藩篱把心理咨询师儿媳妇当成自己的倾诉对象，又听从儿媳妇的建议，一桩眼看就要分崩离析的婚姻，又完好如初了。

我们在这里给大家讲这两个故事，并不是想让大家看看西洋镜就了事。当婆媳关系总是成为社会难题时，我们不妨从秦玉华和管秀芳的做法中看看有没有适合自己的。人生百年说长也不长，能够因为自己的儿子与一个女人成为婆媳，那是百年修来的同船渡，我们何不好好珍惜，与儿媳妇共度美好时光！

TA YU JIA

为了共同爱的那个人

　　我们经常会听到这样的议论，好好的一对"80后"或"90后"小夫妻，以离婚宣告婚姻破裂，都是因为双方父母掺和得多了。这恐怕是事实。我们也很疑惑，从前，婚姻听凭的是父母之命、媒妁之言，可一旦儿女有了自己的家，做父母的反倒不太关注他们的家庭事务。现在像是反了过来。小夫妻都是自由恋爱后结为伉俪的，婚后的生活父母却渗透得太多太多，以致产生了连小夫妻的父母都不愿意看到的结果：离婚。

故事 1

泪水打湿了去天堂的路

又到中秋。她已经心神不定了好几天，等到确认晚报无论如何都该投进楼下的信箱后，她脱去睡衣睡裤，换上漂亮的出客衣服，下楼去取晚报。乘在电梯里，她的心七上八下的。她不知道他今天会不会像过去 9 年一样，选择这一天在晚报的醒目位置刊登一段招魂似的诗歌。

这么一算，女儿离开这个世界已经整整 10 年了。过去 9 年，每一个中秋节当日的晚报上，他都会买下一小块不大但很醒目的版位，寄托他的思念。他是把他的思念送了出去，可他想没想过，这样的文字会对她这个当妈的造成什么样的伤害？

　　10 年前，琳琳走的时候她还是满头黑发。她送走的是自己的女儿，是与自己相依为命了 20 多年的女儿，是被自己当作掌上明珠的女儿。那一颗大钉子钉死在棺材上的刹那，她哭得撕心裂肺，她知道她跟女儿真的是天人永隔了。心头被撕开的伤口要说多大就有多大，所以，她都等不及来吊唁的朋友与她——琳琳唯一的亲人告别，就一脚深一脚浅地将自己挪动到地铁站，回家去。地铁"呼噜呼噜"快速地往前开着，她猛然想起听人说起过，从殡仪馆出来必须到特别热闹的地方转一圈，死去那个人的灵魂才不会跟着回家。出了地铁站，她什么地方都没有去，三步并作两步地回到家里。她巴不得琳琳的灵魂从今以后日日夜夜追随着她。可是琳琳，你怎么一次都没有回来找妈妈呢？想到这里，她咬紧了牙关：就是他，这个把女儿从她身边夺走的男人，阻断了女儿回家的路。这个男人，还不罢休，每每在她伤口就要结痂的时候就再来撕一下。所以，女儿过世的伤痛，总是紧紧缠绕着她。女儿离去 10 年了，她都不能摆脱心碎的痛苦。

　　也许，她可以去跟那个男人说说，放了我女儿，放了我吧。据说他的新居离她这里不远，如果实在不愿意跟那个男人面对面，她可以写封信扔进他家的信箱，告诉那个男人，看在我女儿的分上放了我吧。可是，她不知道女儿收到一份又一份思念，是高兴呢还是不高兴。就像当年她实在不懂女儿怎么会喜欢上这个男人一样。那部美国电影《人鬼情未了》里说的那个可以让活着的人与死去的人搭上话的巫婆，真的有吗？有句话，花多少钱她都要问问女儿：琳琳，你还在怪妈妈不肯让你嫁给那个男人吗？

自己家的报箱就在眼前了，她命令自己平静下来，但拿钥匙的手不由自主地哆嗦起来，手里的钥匙好久都对不准锁孔。报箱的门终于开了，报纸"啪"地掉了出来。哪一天的报纸会自己从报箱里跳出来？是琳琳回来看妈妈了吗？她捡起报纸赶紧躲进电梯，她怕一打开报纸找到往年那个男人买下的版位，就控制不住自己了。锁好家门，在沙发上坐定以后，她打开晚报，找到过去9年的中秋一直出现诗歌的版面。她看见什么了？

十年生死两茫茫，不思量，实难忘！

远行的琳琳，泪水打湿了去天国的路，小心路滑。

泪水挂在了两腮，不知道是为了女儿，还是为了那深情的男人。

12年前的夏天，琳琳大学毕业不久，那时候的女儿阳光得还像个中学生，母女两个晚饭后坐在电视机前闲聊，她总要打趣女儿：今天是不是又被门房当学生拦在校门口了？

母女两个的隔阂，开始于女儿认识了他。他是女儿班里一个学生的爸爸，比女儿大15岁，女儿认识他的时候他已经37岁了，她实在不懂飘散着阳光味道的女儿怎么会爱上一个带着一个孩子离了婚的男人，所以一嗅到蛛丝马迹她就高举起反对的大旗。哪知道一向温顺乖巧的女儿，在遇到她错认为的真命天子后，会变得那么听不进妈妈的劝。

她不是会动粗的妈妈，或许以前会，比如跟琳琳爸爸离婚的时候，她是那么坚决甚至凶悍。可自从与女儿相依为命后，女儿从来没有需要她动粗阻止的行为，所以这方面的能力弱了，弱到了都不知道去哪里可以捡回来。她只好拿自己失败的婚姻告诫女儿。与丈夫分手后，她从不在女儿面前针对前夫说三道四，到了这一步，也是黔驴技穷了，于是铺垫了又铺垫，无非是想告诉女儿与年龄太大的男人一起生活很快会发现，他就是推不动的磨。女儿一句话就把她的长篇大论摧毁了。女儿说："他不是我爸爸。"

除了投降，她还能怎么办？那时候她已经与女儿"搏斗"了一年有余。她这里一松口，女儿就跟那个男人计划起结婚来，两个人之间的温度都能"烤"熟她。她想自己投降还是明智的。不然，她岂不成了《孔雀东南飞》里的焦母了吗？

琳琳是在准备婚礼的日子里感到疲乏不堪的。起先，大家都以为是累的，琳琳白天要去学校给孩子们上课，晚上要为婚礼忙这忙那的。那个男人就让琳琳到学校请假，他说琳琳不做老师他也能让琳琳生活得很好。他的话，让她心里一紧。她觉得，假如琳琳听信他的话从学校请了假回家，万一他们的婚姻出了问题，琳琳会死得非常难看！她的心都提到了嗓子眼，生怕被所谓幸福冲昏了头脑的琳琳点头接受他的建议。还好，她看见女儿坚定地摇了摇头；还好，她还听见女儿说："我喜欢做老师。"她放心

了。被所谓的甜蜜包裹着的女儿，脑子还这么清晰！

但是，清醒的脑子左右不了身体的状态。拍过婚纱照后的那天晚上，琳琳昏倒了。她和那个男人慌慌张张地把琳琳送进家附近的医院，验血、尿检，似乎也没什么大碍，她和那个男人都以为琳琳晕倒是因为太累了，休息一段时间就会好起来。谁又能想到，那以后琳琳就发烧不断，忽而高烧忽而低烧，慌得她和那个男人带着琳琳这家医院出、那家医院进的，查来查去，琳琳被确诊为白血病。

拿什么能够形容一个母亲在得知自己的女儿得了不治之症时的心情？什么也不能够！从女儿被确诊得了白血病到女儿撒手人寰的半年，留给她的记忆就是医院、病房、女儿那张越来越苍白的脸，还有那个男人每天一束百合花。百合花，花语是百年好合吗？每天一束百合花，都没有让琳琳与那个男人百年好合。一想到这里，她后悔在琳琳宣布爱上那个男人时，没有把妈妈的祝福送给她。现在，想对琳琳说妈妈祝福她，女儿都听不见了。

女儿走了以后，那个男人对她说，琳琳走了，从今以后我就是你儿子了，你有什么事都可以来找我。她从来没有去找过他，她的心总是在暗示自己，琳琳是因为认识了那个男人才得那种绝症的。

　　想到这里，她又拿起晚报，再一次读那个男人的思念。是啊，女儿，去天国的路已经被妈妈和那个男人的泪水打湿了。琳琳，妈妈对不起你！只有等你走了以后，妈妈才跟你喜欢的男人想到了一起：泪水打湿了去天堂的路。这一路上，你可要小心，千万千万。

议一议

　　这是真实的故事，我只是在其中添加了一些料，让故事更加动人。这些年，偶尔会想到琳琳的妈妈以及那个爱琳琳至深的男人，想起了我就会问一个问题：假如琳琳的妈妈当年不那么固执己见，让琳琳没有心理压力地与那个男人相爱继而成为夫妻，恶疾会那么早找上琳琳吗？或者，琳琳体内的恶疾会那么早、那么快地爆发吗？如此一想，真为琳琳妈妈扼腕叹息：爱的是同一个人，琳琳妈妈和那个男人，何必兵戎相见呢？

　　太多的爸爸和妈妈打着为子女好的旗号，去阻断儿女与喜欢的人在一起的通途。生活中这样的故事的确也不少见，一些违逆父母的意愿与相爱的人结成连理的男孩和女孩，到后来还是跌进了婚姻的泥沼。可是，我们就能因此否定爱情吗？当父母的总是以爱的名义左右子女的爱情，你们又怎么知道，你们以你们的经验判断出来的是与非就一定准确？30年前人人都以为写不出一笔好字就当不成一个好秘书，谁又能预料电脑会这么快就取代笔成为人们的书写工具。所以，一个人的好与不好，跟他或她在一起的你们的子女，才最清楚。

纵然因为爱情成为夫妻的俊男靓女最终因为生活习惯等问题不能白头偕老，那一段轰轰烈烈的爱情，也是这对离异夫妻记忆中的美好回忆，不是吗？当从一而终是目标而不是唯一目标的时候，做父母的请给孩子多一点祝福，少一点指责吧。

就像故事中的妈妈一样，我总忍不住会想：假如她早一点同意琳琳跟那个男人在一起，故事的结局会怎样呢？可是，往事不能假设。

故事 2

喜欢我的女婿们

　　我妈住在 401 室，蓝阿姨住在我妈家的楼下，301。我妈他们住的这幢居民楼，每层楼有 6 户人家，楼梯就横在每户人家的门前回旋着上升。所以，我要到我妈家，必须从 301 门前路过。

　　"楼下的阿姨怎么天天坐在家门口？"那是我老公的疑问，因为他认识我的时候我家已经搬进了这幢楼。可我家跟蓝阿姨家做邻居，从我没有出生的时候就开始了。那时候，她家的院子跟我家的隔着一条小巷。按理，我们两家小孩串门是一件麻烦的事情，得穿过一条小巷吧？下雨了得打一把伞吧？意外的是，那时两家小孩倒是朝夕相处，

有时候玩到兴头，索性我在她家吃饭或者他们家的小冬、小健或者小英在我家混一口吃的。现在，只隔着一层楼板，我们两家倒是只剩下点头之交了。

每次从蓝阿姨家门前经过，我们都要互相问候："吃饭了吗？"哪怕我明明踩着下班的钟点赶回家吃晚饭。不过，我的问候倒是有实质内容，因为这个时候蓝阿姨家的餐桌上虽然摆满了荤素饭菜，我却真的不清楚蓝阿姨吃过饭没有。

我妈住的401室虽然有三间房间，每一间都非常小，卫生间更是小到没有窗户。夏天冲个凉，冲完穿衣服的短短几分钟里，又能热出一身汗。我结婚后曾住在那里，回家倒是有现成饭吃，可实在不方便。一间小屋子让给我们做婚房后，一家数口一日三餐只能委屈在过道一样的厨房里，实在憋屈。半年以后，先生学校给了一间学生宿舍，我们就急急忙忙地搬了出去。蓝阿姨家的301，面积和格局跟401一模一样，他们家却住着3对夫妻和蓝阿姨的小女儿。他们能安然相处吗？蓝阿姨和她丈夫膝下有4个女儿。明眼人一看就知道，蓝阿姨生养4个女儿的目的是想要一个儿子。愿望没能达成，她们两口子倒也没有因此不爱女儿们。大女儿是六七届初中生，家里的老大嘛，上山下乡是免不了的。后来我听我奶奶说，蓝阿姨为了能把大女儿留在上海，一哭二闹三上吊中，除了没有上吊，能使的劲都使了出来，没有奏效。这时，可供大女儿去的地方只剩下东北一个名叫苏瓦店的地方了。大女儿在东北呆的 3 年，是蓝阿姨最心碎的日子。她无法忍受因为自己的错误判断大女儿只能一个人在冰天雪地里忍饥挨饿的状态，就苦寻门路终于将大女儿弄到苏北老家投亲。不过，这一次蓝阿姨又错了，因为嫁给了老家的农户，大女儿就失去了知识青年大返城的机会。大概这是一件让蓝阿姨痛定思痛的事情，所以，她对另外 3 个女儿呵护到了溺爱的地步。为了照顾女儿们，除了大女儿一家，蓝阿姨让二女儿一家三口、三女儿一家三口以及未及婚嫁的小女儿跟他们老两口一起都挤在 301 里。遇到暑假，大女儿还会带着她的女儿、蓝阿姨的大外孙女回来住进 301。这个时候，301 的总人数是 11 口。晚间洗澡用时 2 个小时，那还得需要大家动作麻利。

　　11个人，不是暑期时，也有9个人，一日三餐真是一件麻烦事。蓝阿姨的腿自打从服装厂退休的那天起就不怎么灵便了，非得拄一根拐杖才能外出。每天早晨6点多一点，恰好在这个时间走过301门前，我们就会看见蓝阿姨拄着拐杖拎一只硕大的菜篮子出门了。大概在一个小时以后，我们耳朵尖一点就会听见蓝阿姨在楼下冲着她家西面的窗口大喊："二鬼啊，下来！"她喊的是二女儿。当然，在纺织厂倒三班的二女儿这时候有可能不在家，那么，二女婿就会下楼。大家都知道，二鬼是二女儿一家的代称，三女儿一家就是三鬼了。三鬼夫妇两个都在宝钢上班，路远，走得早。二鬼拎着沉重的菜篮子三步并作两步地上了楼，蓝阿姨笨重地拄着拐杖一步一叹息地慢慢回到家里。其实，也就是坐到二女婿替她放在301门口的竹椅子上，蓝阿姨接过二女婿递给她的已经点燃的香烟抽着。这时候，二女婿已经在她身边放好一张小板凳，小板凳上是一茶缸浓浓的茶水。休息片刻，蓝阿姨开始准备午饭。这个家庭实在人口众多，旁人家或许有中午无人吃饭的空闲时光，可是蓝阿姨家中午总有人等饭吃。所以，蓝阿姨在世的时候几乎每天要烧两顿饭，逢到双休日，中午和晚上的饭和菜量都更大了。蓝阿姨家的饭菜，熟了就搁在过道厅的餐桌上，家里成员谁饿了可以随时吃饭。蓝阿姨家，从来都是流水席。

后来，小女儿要结婚了，二女儿一家只好搬了出去，我们这才知道二女婿的父母给过二女儿一家一间婚房，且离这里不远。我们不解地问蓝阿姨："他们有房子，您为什么不让他们回家？"蓝阿姨嘿嘿一笑："赶不走嘛。"这就奇怪了，年轻人怎么会不愿意自己有独立的空间？找到机会，我问蓝阿姨的二女儿："你妈妈说，你们不愿意独立生活？"二女儿前后左右看了一圈，确认蓝阿姨肯定听不见她在说什么后告诉我："我妈被我大姐的事弄伤了，最好我们都在她的眼皮底下过日子。要不是小妹要结婚，她也不放我们走呀。"那时，我正为我妈妈与我老公的关系疙疙瘩瘩而烦恼，就悻悻道："你家老公真是好人，跟丈母娘这么厮守在一起，也没有意见。"蓝阿姨的二女儿眉头一挑，回答："那是我妈妈对他、对三儿的女婿真心实意地好。邻居们看得见的，是女婿们低眉顺眼的什么都听我妈的。关起门来，我妈总是训我们，说人家男人肯进我家门憋屈着过日子，是给我们家面子，我们不能怠慢人家。我们夫妻之间有了矛盾、起了争执，我妈开骂的话，骂的一定是我们！"说着，蓝阿姨的二女儿眼圈红了："搬出去嘛，我倒是很愿意的，倒是我老公不情不愿，奇怪吗？"

打那以后，买菜回来站在西面窗下大喊的内容，从二鬼变成了小鬼。小女儿是蓝阿姨4个女儿中长得最漂亮的，最得蓝阿姨的宠，也就最颐指气使。蓝阿姨喊二鬼的时候，间或下去帮妈妈拎菜篮子的，会是二女儿。喊声变成小鬼后，下楼的一定是小女婿。妻贵夫荣，小鬼经常会跟丈母娘抱怨，吃一样的饭、交一样的生活费，三姐他们为什么就可以什么家务都不管？蓝阿姨总是鼻子一皱哼哼了事，她大概觉得，三女儿两口子一早就出门上班了，你们不知道？

小鬼就是不想知道。为此，小女儿一家当着蓝阿姨的面与三女儿一家客客气气的，可私底下总是跟三女儿一家过不去了。这个，我们邻居都看出来的，蓝阿姨看不见？

我们都认定，那是蓝阿姨偏爱小女儿，就替三女儿不值。三女儿夫妇在宝钢也有房子，是单位分的。见三女婿总是被小女婿排挤，我们看不下去了，就问三女婿："住在丈母娘家受气？"三女婿张了张嘴，"唉，"千言万语，被他缩短成了这一个字。

我从我妈家搬出去后就不怎么关注蓝阿姨家的状况了。偶尔回去，发现他们家的餐桌上还是一如既往地摆满了荤素菜肴，蓝阿姨也是一如既往地坐在大门口问候来来往往的邻居或她认识的客人，比如我。听我弟弟说，某天早上6点，三鬼发现妈妈没有起床买菜，这才发现蓝阿姨已经在睡梦中死去了，而她们的爸爸也在蓝阿姨过世半年后追随而去。乍一听说，我还有些缓不过劲来，觉得什么东西一去不复返了。什么东西呢？又一时说不上来。

几年以后，我回娘家，经过301，发现她家的餐桌上又是蓝阿姨在世时的情景：摆满了饭菜。我吓了一跳，当然不会相信蓝阿姨回来了，就问我妈。我妈说，是大女儿退休回来了，带着按政策可以回沪读书的蓝阿姨的大外孙女。发了财的小女婿买了大房子带着老婆和孩子搬了出去，301 住的是大女儿和她的女儿，以及房子被拆迁后回娘家过渡一段日子的二女儿一家。这么说，301 的格局又回到了我结婚那会儿的样子？我妈点着头补充："就缺一个男主人。"顿了顿，又说："天天早上出门买菜的，由蓝阿姨变成了大女儿。"

买菜的人由蓝阿姨变成了大女儿，301 之所以数十年能保持一个大家庭不变的核心，也变了。天底下，也许不是所有的妈妈、丈母娘能有蓝阿姨那样的包容心，能够竭尽全力地呵护女儿们以及女儿们长大后必然会"拖拽"回家的女婿们。但是，只有妈妈，能够将自己的儿女团结在自己的身边。

又若干年过去了，就是现在，我妈随我爸搬到郊区了，401 只住着我弟弟一家三口，我去得就更少了。最近一次过去，见 301 门户紧闭，就问我弟媳："蓝阿姨的大女儿呢？"弟媳说，蓝阿姨的大外孙女生小孩，蓝阿姨的大女儿搬到她家帮忙照顾大人和小孩了。"301 现在没人住了？""哪里，二女儿一家和三女儿一家。不过，好像分灶吃饭了。""所以，就再也听不见有人在楼下喊二鬼、小鬼了?"弟媳丈二和尚摸不着头脑,好一会儿才明白过来我所指什么,回答:"的确没有了。"

那是,她是后来的,怎么可能像我一样熟悉蓝阿姨的叫声呢?二鬼啊,小鬼啊,如今想起来,真是言犹在耳呀。

议一议

这些年,我们教育孩子学会独立生活的声音很多,却很少有让孩子学会如何跟父母相处、特别是如何跟另一半的父母相处的课程。于是,婆婆与儿媳妇的纠纷、丈母娘与女婿的矛盾不经意间就成了电视连续剧的主要话题。

家庭剧能够成为热播剧,仅仅是因为我们都是想看别人家热闹的好事者吗?其实未必,敢说没有人想从这些剧集里看到一点如何跟婆婆或者丈母娘和平共处之道的?

连续剧的制作者恐怕也说不清楚与所爱的另一半父母相处的正道在哪里。但是,所有人都说得清楚,我们,两代人,素不相识的两代人,是怎么会成为生活在一个屋檐下的家人、亲人的。那是因为,我们都爱着同一个人。

　　相比琳琳妈妈，服装厂的退休工人蓝阿姨的故事喜感了许多。她维护家庭成员幸福生活的手段，现在看起来有些老套，也不合时代发展的潮流。可是，一旦成为女婿就把那个男人视作家人，蓝阿姨的境界和心胸永不过时。如果像蓝阿姨这样的长辈能够多一点、再多一点，婆媳、翁婿之间不该有的矛盾将会少许多，这大概是不容置疑的。

　　我们都是因为爱同一个人才走到一起来的。想到这里，只觉得阳光温暖，人间有爱！

图书在版编目(CIP)数据

今天如何做婆婆岳母/吴玫著. 一上海:学林出
版社,2019.1
(她与家系列)
ISBN 978 - 7 - 5486 - 1476 - 0

Ⅰ.①今… Ⅱ.①吴… Ⅲ.①家庭关系-女性心理学
-通俗读物 Ⅳ.①C913.11 - 49②B844.5 - 49

中国版本图书馆 CIP 数据核字(2018)第 276782 号

责任编辑 许苏宜
封面设计 张志凯

她与家系列

今天如何做婆婆岳母

吴 玫 著

出　　版　**学林出版社**
　　　　　(200001　上海福建中路 193 号)
发　　行　上海人民出版社发行中心
　　　　　(200001　上海福建中路 193 号)
印　　刷　上海盛通时代印刷有限公司
开　　本　890×1240　1/32
印　　张　7
字　　数　10 万
版　　次　2019 年 1 月第 1 版
印　　次　2021 年 3 月第 3 次印刷
ISBN 978 - 7 - 5486 - 1476 - 0/G・558
定　　价　42.00 元